GRANDIR AVEC SES ENFANTS

OUVRAGES HAZELDEN / SCIENCES ET CULTURE

Collection Hazelden « Cheminement »

- *Vaincre la codépendance*
  par Melody Beattie
- *Maigrir, une affaire de famille*
  par Judi Hollis, Ph.D.
- *Grandir avec ses enfants*
  par Jean Illsley Clarke et Connie Dawson
- *Apprivoiser sa honte*
  par Ronald Potter-Efron et Patricia Potter-Efron
  à paraître juillet 1993

Collection Hazelden « Méditation »

- *Titres à venir pour publication en 1993*

JEAN ILLSLEY CLARKE
ET
CONNIE DAWSON

GRANDIR AVEC SES ENFANTS

S'éduquer soi-même pour mieux éduquer ses enfants

Traduit par Agathe de Launay

HAZELDEN®

SCIENCES ET *CULTURE*

Ce livre a été originellement publié aux États-Unis en février 1989 par Hazelden Foundation sous le titre

GROWING UP AGAIN
PARENTING OURSELVES, PARENTING OUR CHILDREN

Adapté par Michel Béliveau
Conception de la couverture: Zapp
Infographie : Info-type enr.

Dépôt légal: 2e trimestre 1993
Bibliothèque nationale du Québec
Bibliothèque nationale du Canada

ISBN 2-89092-123-9

Éditions Sciences et Culture
5090 de Bellechasse, Montréal
(Québec) Canada H1T 2A2
(514) 253-0403 Fax: (514) 256-5078

Imprimé au Canada

Lecteurs et lectrices, nous vous dédions ce livre.

Auteurs : Jean Illsley Clarke a trois enfants et réside à Plymouth (Minnesota). Connie Dawson est une mère de famille résidant à Portland (Oregon).

Jean Illsley Clarke est une éducatrice qui, par des conférences et des ateliers, aide les gens à devenir de meilleurs parents en mettant en pratique les principes concernant l'estime de soi. Elle est l'auteure d'un volume largement diffusé *Self-Esteem : A Family Affair* et co-auteure de six autres livres *Help !*, une série d'ouvrages pour les parents publiés par Harper Collins.

Connie Dawson enseigne à l'Université d'État de Portland, a un bureau de consultation privée et donne des conférences. Elle travaille avec des professionnels qui cherchent à améliorer leurs connaissances pour répondre aux besoins des enfants d'alcooliques devenus adultes et des adolescents à haut risque. Elle appuie des groupes de soutien dans la recherche de l'estime de soi auprès d'adultes-enfants et autres familles dysfonctionnelles.

Sommaire

Remerciements

Pour leurs encouragements, la gentillesse qu'ils nous ont témoignée en partageant leurs idées avec nous et en relisant le manuscrit de ce livre, nous remercions Jonathan et Laurie Weiss, Jentra Wiger, Bruce Spang, Athalie Terry, Mary Ann Lisk, Ginny Edling, Chris Ternand, Sherri Goldsmith, Jan Grant, Jennifer Clarke, Russ Osnes, Jack Vernon, Tim Solon et Lonnie Bell.

Pour leur soutien inestimable, nous remercions Elaine Childs-Gowell, Peter Olson, Cheryl Beardsley, Myrth Ogilvie, Jo Waddell, Gail et Harold Nordeman.

Pour les idées stimulantes qu'ils nous ont offertes, nous sommes reconnaissantes et nous remercions Maggie Lawrence, Eveline Goodall, Donna Grauke, Sandy Keiser, Lynn Keat, Rene Sternau, Anne Glenn White, Marilyn Sackariason, Wayne Raiter, Gary Bowman, Patricia Dorsey-Nanoff, Marilyn Mason, Merle Fossum, Gershen Kaufman, Phyllis Campbell et Marj Ratliff.

Nous remercions particulièrement Carole Gesme pour son aide, pour ses encouragements et pour nous avoir fait part de sa théorie et de son histoire personnelle concernant la honte et la culpabilité.

Nous remercions également les participants du « Self-Esteem Facilitator Training » d'avoir accepté d'être des sujets de recherche et de nous avoir fait partager leurs idées.

De la part de Connie pour Tom, Mary Claire et Charles, admiration, tendresses et reconnaissance pour leur esprit, leur sagesse, et leur compréhension.

De la part de Jean pour Dick, Marc, Jennifer et Wade, reconnaissance et tendresses pour leurs encouragements et pour avoir continué à m'initier à la ténacité des systèmes familiaux et au pouvoir de changement détenu par chacun dans la famille.

Entreprenez votre cheminement

Ceci est un livre d'espoir. Espoir pour tous ceux qui ne veulent pas reproduire avec leurs enfants les erreurs commises par leurs parents. Espoir pour ceux qui veulent recommencer à grandir, qu'ils aient déjà entamé ce cheminement ou qu'ils aient le vague désir d'obtenir aujourd'hui ce qui leur a été refusé hier.

Nous avons écrit ce livre parce que nous pensons que les enfants et les adultes sont importants. Nous croyons également que la famille est le lieu privilégié où l'enfant apprend à devenir un adulte.

Nous respectons les familles, leur force, leur ténacité, leurs tentatives pour créer des systèmes permettant aux êtres d'apprendre, de grandir, d'aimer, de prendre soin d'eux-mêmes et des autres.

Nous pensons que les enfants méritent des « attentions constantes » de la part de leurs parents. Les adultes, eux, méritent de pouvoir rompre la chaîne de « l'inconstance familiale », chaîne récente ou cachée dans les placards de la famille depuis des générations.

Attention ! Quand nous qualifions d'irrégulier ou d'inconstant un comportement parental inadéquat, nous ne parlons pas de dysfonctionnement. En effet, si nos familles n'avaient pas « fonctionné » d'une manière ou d'une autre, nous ne posséderions pas les quelques capacités dont nous bénéficions aujourd'hui. Quelque part, nos familles fonctionnaient. Du moins, en partie. Nous pensons qu'il n'est jamais utile de porter une étiquette négative.

Voici quelques exemples de croyances communes aux personnes qui n'ont pas reçu les attentions adéquates : ***Je ne suis pas aimable. Il n'y a aucune issue. Personne ne peut me dire ce que je dois faire. Je ne sais pas ce que je dois faire. Je ne sais pas ce qui est normal. Je ne sais pas qui je suis.*** Si, étant enfant vous avez reçu des attentions irrégulières, utilisez ce livre pour vous aider mais aussi pour aider vos propres enfants.

Nous avons puisé nos idées à plusieurs sources et nous avons utilisé l'expérience de nombreuses personnes. Nous donnons beaucoup d'exemples de ce « qu'il faut faire » et « ne pas faire ». Pourquoi ? Parce que si un livre ou une personne nous dit « ce n'est pas bien », ils doivent nous donner les moyens de faire mieux.

Certains exemples sont présentés sous forme de tableaux. Ceci vous permettra de choisir les thèmes qui vous intéressent le plus. Vous pourrez aussi retrouver facilement les situations que vous voudriez approfondir.

Certaines personnes apprennent plus facilement en faisant les choses qu'en les lisant. C'est pourquoi nous proposons des activités en appendice. Elles vous aideront à acquérir de nouveaux comportements ou vous guideront pour atteindre un niveau de compréhension plus profond. Vous pouvez vous reporter aux appendices au fur et à mesure ou à la fin de votre lecture.

Beaucoup d'exemples sont classés par âge. Utilisez-les de deux façons : si vous avez un enfant, servez-vous de ces exemples pour réfléchir à la manière dont vous vous en occupez. Vous pouvez aussi les utiliser pour penser à votre itinéraire personnel. Imaginez-vous recevant les attentions adéquates qui sont décrites ou réjouissez-vous d'en avoir bénéficié. Si vous n'avez pas reçu toutes les marques d'affection dont vous aviez besoin, alors vous pouvez décider de vous les offrir tout au long de votre lecture.

Vous nous direz « Oui, mais ce n'était pas ainsi pour moi ». C'est la raison pour laquelle vous lisez ce livre. Nous parlons d'***aujourd'hui*** et non d'***hier***. Et ***aujourd'hui***, vous méritez des messages d'amour et des attentions ; c'est le moment de vous les donner vous-même. Ou bien vous nous direz « Mais, je devrais déjà savoir comment élever des enfants » ou encore « J'ai déjà commis tellement d'erreurs que je ne veux même plus y penser. J'en ai trop honte ».

Il est important ici de dire quelques mots au sujet de la honte et de la culpabilité.

La ***culpabilité*** a trait à notre comportement. Elle est utile. Elle nous rend mal à l'aise lorsque nous avons commis une erreur et nous conduit à changer d'attitude et à réparer nos torts.

La ***honte*** est un jugement sur ce que nous sommes et non sur nos actes. Elle nous harcèle et nous pousse à nous cacher ou, au contraire, à faire des folies. Elle nous immobilise totalement et nous empêche d'aller de l'avant. Quand nous avons honte, nous sommes coupés des autres. Tous nos autres sentiments tels que la culpabilité, la joie, la colère, la peur et la tristesse peuvent être partagés. Mais nous cachons notre honte. Elle nous isole.

La honte apparaît lorsque nous confondons ce que nous sommes avec nos actes et nos réalisations. Quand nous ne réussissons pas ou quand nous craignons d'échouer, notre être profond est menacé. Il n'est pas surprenant que nous évitions les responsabilités et que nous nous cachions ou que nous nous empressions de jeter le discrédit sur les autres.

Nous pensons que la honte résulte d'un manque d'amour inconditionnel. Les enfants ont besoin d'être aimés pour apprendre à aimer. Ceux d'entre nous qui se sentent souvent accablés par la honte n'ont pas reçu suffisamment de cet amour. Ils essaient alors d'acheter l'amour des autres et ne croient pas à l'amour offert spontanément. De plus, ceux qui ont subi de nombreuses critiques en viennent à interpréter toutes les instructions qu'on leur donne comme des blâmes et comme une menace envers leur Moi et ils ont honte.

Les parents de Carole se sont occupés d'elle de façon irrégulière. Cette petite fille bien nourrie, submergée de vêtements et de poupées avait une mère qui ne savait rien de l'amour inconditionnel et qui aimait beaucoup trop l'ordre et la propreté.

Un jour, elle avait deux ans, Carole a mis de la banane dans ses cheveux. Sa mère lui a dit : « Carole, tu es un vrai gâchis ! » et lui a lavé les cheveux. Quand elle avait quatre ans, Carole a mis sa chambre sens dessus dessous. Sa mère lui a dit : « Carole, tu es un vrai gâchis ! », elle a ri puis a ramassé les jouets. À l'âge de neuf ans, Carole n'a pas rangé sa chambre. Sa mère lui a dit : « Carole, tu as toujours été un vrai gâchis ! Regarde un peu la chambre de ton frère. Elle est impeccable ! » Puis elle a ri et a rangé la chambre de Carole. Peu à peu, Carole s'est mise à confondre sa valeur personnelle avec celle de ses actes.

Plus tard, à l'âge adulte, Carole eut à préparer un projet d'étude avec une amie. Elle venait à chaque réunion de travail avec quatre boîtes remplies de feuilles volantes. Un jour, son amie lui donna un classeur et lui dit : « En faisant des courses, j'ai trouvé ceci pour toi. Ranges-y tes papiers, tu n'auras plus besoin de transporter toutes ces boîtes et on gagnera du temps. » Son amie lui offrait là un bon conseil, un cadre, une ***structure*** sur un mode positif ce dont Carole n'avait jamais bénéficié auparavant. Cependant, Carole entendit : « Tu es un vrai gâchis ! », se fâcha et... ce fut de nouveau la honte...

La honte s'installe en réponse à un blâme dont on est victime : nous nous reprochons quelque chose qu'une autre personne fait ou a fait. La honte est un sentiment qui s'est développé parce que nos actes ont été confondus avec ce que nous étions. Ceci se produit quand on nous inculque que l'on est ce que l'on fait, comme le pense la mère de Carole, ou quand nous nous évaluons en fonction de nos capacités, en raison peut-être des abus, des critiques, de la condescendance, de la négligence ou de l'abandon dont nous avons été victime.

Si vous avez un jour éprouvé de la honte, si vous avez subi des attentions parentales irrégulières, utilisez ce livre. Il vous aidera à prendre soin de vos enfants sans les humilier. Il vous permettra de reconnaître la honte et de la remplacer par l'amour et la joie.

Vous pouvez utiliser ce livre de différentes façons :

- Pour progresser dans vos échanges avec vos enfants, quel que soit leur âge ;

- Pour progresser dans votre façon de prendre soin de vous-même ;

- Pour évaluer la manière dont vos parents se sont occupés de vous ;

- Pour découvrir et panser des blessures dues à des attentions inégales de la part de vos parents.

Chacun d'entre nous a besoin à la fois d'attentions, de nourriture affective mais aussi d'une structure, d'un cadre, c'est pourquoi nous consacrons un chapitre à chacun de ces sujets. Nous parlerons de la structure en premier mais vous pouvez tout à fait utiliser ce livre dans l'ordre qui vous convient le mieux. Nous avons beaucoup grandi en l'écrivant. Maintenant, il est à vous.

Prenez soin de vous.

JEAN ET CONNIE

Introduction

Comment prendre soin de soi-même et des autres

> *« Comme tous les parents du monde, je ne désire rien autant que le bien-être de mes enfants. »*
>
> JOYCE MAYNARD

Quand nous pensons au bien-être de nos enfants, nous projetons de leur donner ce qui nous a manqué. Nous voulons qu'ils connaissent l'amour et la joie, qu'ils réussissent et soient heureux et qu'ils aient conscience de leur valeur. Nous voulons qu'ils aient de l'amour-propre, qu'ils croient en eux-mêmes et qu'ils se sentent aimables et capables.

Pour accomplir ce prodige, nous envisageons de leur transmettre ce que nous avons nous-mêmes reçu et qui nous a aidé, et nous souhaitons améliorer le reste. Nous rêvons. Nous nous voyons déjà en parents aimants et merveilleux. Puis dès l'arrivée du premier enfant, nous voilà face à face avec la réalité : être parent, c'est bien plus qu'un rêve d'amour. Chaque jour, nous nous demandons ce qu'il faut faire, quand et comment ! Il s'agit ensuite de le faire. Ces interrogations se poursuivront aussi longtemps que nous vivrons. Il y a des tâches que nous accomplissons jour après jour de manière monotone ; d'autres que nous ne faisons qu'une seule fois ; d'autres qui nous déconcertent et nous montrent combien nous sommes mal préparés.

Nous ne savons pas toujours très bien comment agir. Il y a des jours où nous nous surprenons en train de faire ce que nous nous étions juré de ne jamais faire. Nous nous sentons alors coupables, pleins de remords et incapables de changer. Ou bien nous abandonnons et infligeons à nos enfants ce que nous avons nous-mêmes subi en nous disant que c'est pour les « endurcir ».

Nous avons besoin d'apprendre beaucoup de choses que nous n'avons pas apprises dans notre famille d'origine.

Les soins et les attentions

Les êtres humains naissent avec peu de savoir-faire et beaucoup de besoins. Avant toute chose, les enfants ont besoin d'amour inconditionnel. Ils doivent recevoir des mots, des caresses qui disent : « Je t'aime, tu mérites d'être aimé ». Ils en ont besoin pour se développer et s'épanouir, pour apprendre à s'aimer et à aimer les autres. Les soins et les attentions constituent cet apport essentiel au développement de l'enfant et à son bien-être. Nous reviendrons sur ce thème plus longuement.

La structure

Mais l'amour inconditionnel ne suffit pas. Les enfants ont également besoin qu'on leur donne des limites. Il leur faut aussi apprendre des savoir-faire et des normes. Ils ont besoin d'être en sécurité, de prendre des habitudes saines, d'apprendre à se situer par rapport aux autres, de développer leur sens moral et leur personnalité et de devenir responsables d'eux-mêmes devant les autres. Les enfants doivent entendre ces mots : « ***Tu es capable de faire cela. Je***

te montrerai comment. Tu es une personne capable. »
Nous appelons ***structure*** l'ensemble des savoir-faire parentaux qui permettent le développement de ces aptitudes chez un enfant.

On peut imaginer cette structure comme un ensemble de briques qui nous maintient et qui constitue notre charpente, les limites et le cadre de notre personnalité. Cette structure se construit progressivement à partir des nombreuses expériences de notre vie. Nous avons commencé à l'édifier enfants dans notre famille et continuons à la construire petit à petit toute notre vie. Du moins, espérons-le. Une personne dont la structure est bien développée est capable de se définir de l'intérieur sans faire appel à des normes extérieures et possède un caractère affirmé. Elle sait se situer par rapport aux autres. C'est une personne solide.

Un adulte dont l'édifice manque de briques possède tout de même une armature mais celle-ci, trop fragile, s'effondrera si la pression devient trop forte. Il ne dispose pas de limites bien définies. Facilement blessé parce qu'il laisse les autres l'envahir, c'est un écorché vif. Et malencontreusement, il envahira, aussi le territoire physique et psychique des autres. On dit de lui qu'il « met son nez dans les affaires des autres ».

Imaginons la personnalité comme un corps : les soins et les attentions reçus constituent en quelque sorte les tissus et les muscles sous la peau et permettent aux os de se mouvoir en toute liberté et avec grâce.

Chaque acte, chaque parole d'amour, telle une goutte d'eau venant se mêler à d'autres dans un réceptacle contribue à l'édification de notre personnalité. Lorsqu'une personne reçoit et accepte ces attentions en abondance, elle développe le sentiment de sa propre valeur. Cela lui permettra facilement de s'aimer et de prendre soin d'elle-même et des autres.

Si en revanche, elle ne reçoit pas suffisamment de gouttes d'eau, c'est-à-dire de soins et d'attentions, on aura l'impression, grâce à sa structure, que cette personne fonctionne bien. Mais en réalité, elle éprouvera un sentiment de vide, de tristesse et elle ne pourra pas répondre à l'affection des autres.

Imaginez chaque brique et chaque goutte d'eau comme des « unités de croissance ». Le petit enfant humain vient à la vie avec ses caractéristiques uniques et construit son identité et son amour-propre peu à peu à partir de toutes ses expériences de la vie et des décisions qu'il aura prises à leur sujet. Ses parents ne peuvent bien sûr pas prédire avec certitude qu'il aura une haute estime de lui-même, qu'il sera joyeux, ou qu'il réussira sa vie. Mais ils peuvent essayer de lui donner une structure saine et des soins attentifs de manière équilibrée et aimante au lieu de choisir la facilité.

Comment apprenons-nous à donner à nos enfants la structure et les attentions dont ils ont besoin pour être heureux ? Nos parents nous ont inculqué certaines compétences. Nous en avons découvert d'autres en observant nos enfants et en voyant ce qui fonctionnait. Et puis, nous avons écouté les conseils des autres et nous y avons réfléchi. Si nous n'avons pas reçu de nos parents la capacité de nous occuper de nos enfants et de leur donner une structure, nous pouvons acquérir ces talents maintenant.

Un point important : certaines personnes qui ont subi des parents négligents, brutaux ou étouffants sont tellement déterminées à ne pas reproduire le même schéma avec leurs propres enfants qu'elles en viennent à faire le contraire de ce qu'elles reprochent à leurs parents. Elles vont souvent trop loin. À force de ne pas vouloir mettre des limites trop rigides à leurs enfants, elles ne leur en donnent plus du tout. Parce qu'elles ont peur de tomber dans l'abus et la critique, elles jettent la structure aux oubliettes. Certains parents qui n'ont pas reçu suffisamment de soins, d'attentions et d'amour inconditionnel lorsqu'ils étaient petits, finissent par étouffer leurs enfants de peur de les négliger. S'ils ont au contraire été agacés par des parents trop indulgents et trop protecteurs, il peut arriver qu'ils refusent de montrer leur amour à leurs enfants parce qu'ils craignent de les écraser. Les enfants, comme les adultes, ont besoin d'un mélange harmonieux de soins, d'attentions et de structure.

En apprenant à nous occuper de nos enfants, nous réapprenons par la même occasion à nous prodiguer marques d'affection et structure. Voici pour terminer une citation de Joyce Maynard :

« Comme tous les parents du monde, je ne veux rien autant que le bien-être de mes enfants. Je le souhaite tellement que je pourrais même, pour leur bien, ***réussir à devenir une personne heureuse et équilibrée****. »*

Devenir heureux et équilibré est un parcours rempli d'espoir. Il est essentiel pour nous comme pour nos enfants. La décision de nous reconstruire, de recommencer à grandir peut être soudaine. Le processus, lui, ne l'est pas. Il n'y a pas de guérison miracle. Il n'y a pas de technique magique ni immédiate. On ne peut pas emprunter les capacités souhaitées pour gagner confiance en soi et estime de soi. Nous devons nous reconstruire de l'intérieur, pas à pas. Répondre à la demande des autres en bombant le torse et en disant : « Je suis le meilleur » est discutable voire dangereux. Un jour d'errance, de déprime ou d'idées noires, cette forme de bravade pourrait s'ajouter à notre désespoir ou nous rendre encore plus étrangers à nos propres sentiments.

La véritable estime de soi vient de l'intérieur. Elle n'est pas compétitive. Si elle dépend de la comparaison avec les autres, il ne s'agit plus d'estime de soi mais d'estime « compétitive ». L'estime de soi se gagne peu à peu en s'affirmant dans des domaines qui nous tiennent à coeur et en apprenant à penser que l'on peut nous aimer.

La compétence et un sentiment de bien-être ou estime de soi sont importants pour les enfants comme pour leurs parents. Nous construisons notre estime de nous-même en distinguant les expériences et les messages positifs des négatifs et en prenant des décisions saines les concernant. Nous y parvenons grâce à notre structure et aux attentions que nous recevons.

Une structure solide permet plus facilement de donner de la nourriture affective, c'est-à-dire des soins et des attentions, c'est pourquoi nous aborderons ce thème en premier.

PREMIÈRE PARTIE

LA STRUCTURE

Un cadre pour s'épanouir

« Si vous avez bâti des châteaux dans l'espace, votre œuvre ne doit pas être perdue. C'est en effet là qu'ils doivent être. Maintenant, construisez leurs fondations. »

HENRI DAVID THOREAU

Chapitre 1

La structure

Qu'est-ce que c'est ? Pourquoi en avons-nous besoin ?

Ce chapitre traite de la manière de prendre soin de soi avec plaisir et sans culpabilité. Nous verrons comment on peut aider les enfants à développer leur structure interne. C'est une sorte d'autodiscipline fondée sur l'estime de soi plutôt que sur la peur ou la honte.

Autodiscipline est le nom donné par certains parents à leur propre structure interne. La structure externe, ce que les parents apportent à leurs enfants (les soins, l'éducation et les règles), permet à l'enfant de développer sa propre structure interne ou autodiscipline, pour qu'il puisse s'occuper de lui-même et des autres. Certains parents peuvent ne pas savoir comment s'y prendre.

Il existe aujourd'hui un manque de normes culturelles communes, une confusion générale et des désaccords sur le rôle que jouent les parents dans leur propre structuration ainsi que dans celle de leurs enfants. À force de ne plus vouloir faire de critiques et de se débarrasser de l'autorité et des « il faut » d'il y a cinquante ans, on en oublie comment mettre des limites et enseigner des normes. Nous avons jeté le bébé avec l'eau du bain ! Les conseils que nous recevons aujourd'hui au sujet de ce qu'il faut donner comme structure aux enfants ne sont pas seulement contradictoires. Ils suggèrent aussi que nous n'avons pas à être responsables de nos actes et que l'autodiscipline n'est pas vraiment nécessaire. Comptez le nombre de messages dans les médias qui nous conseillent de chercher un soulagement instantané à nos symptômes et à nos angoisses en utilisant des drogues ou en ayant recours à la violence au lieu de réfléchir aux causes profondes de notre malaise et de reconnaître que peu de problèmes peuvent être résolus en cinq minutes.

Nous avons besoin de la sécurité que nous apporte notre structure pour pouvoir survivre à la fois sur le plan physique et sur le plan psychologique. L'absence de structure, c'est le chaos. C'est une vie sans anticipation ni stabilité. Dans de telles conditions, les gens dépensent la plus grande partie de leur énergie à chercher ou à se construire un monde stable et prévisible. Il ne leur reste que peu de force pour se développer, pour être heureux et pour nouer des liens profonds avec les autres.

Notre structure nous permet de bien fonctionner. Comme les jeunes enfants ne peuvent pas se la procurer tout seuls, ils doivent la recevoir de leurs parents.

Donner une structure aux nourrissons et aux très jeunes enfants signifie accueillir leurs besoins psychologiques et physiques de manière cohérente. Plus tard, les parents diversifient davantage les moyens par lesquels ils offrent une structure à leurs enfants. Ils leur enseignent comment accomplir correctement certaines tâches, comment raisonner, recueillir et évaluer les informations, dégager des options, se donner des objectifs, s'organiser, commencer et accomplir certaines tâches, comment manier les matériaux et les instruments ; comment gérer le temps, les idées et les sentiments ; comment être responsables, honorer ses engagements et développer le sens des valeurs et le sens moral.

Les parents montrent à leurs enfants comment diviser une tâche complexe en petites unités et ordonner celles-ci dans un ordre logique. Ils leur enseignent comment résoudre des problèmes et comment respecter leurs propres limites en acceptant les relations saines et en refusant celles qui sont destructrices. Au fur et à mesure que les adultes inculquent aux enfants des règles, certains savoir-faire et comment distinguer le bien du mal, ceux-ci apprennent à se protéger, à accomplir certaines choses, à réfléchir, à faire en sorte que leurs besoins soient satisfaits et à vivre en respectant les autres.

Une structure claire et solide nous rend plus forts. Elle nous fait prendre conscience que nous sommes aimés, importants et capables. Elle nous protège et nous permet d'être libre. Si vous n'avez pas reçu de cadre structurant dans votre enfance, apprenez aujourd'hui à vous le procurer en même temps que vous l'offrez à vos enfants.

Comment construire une structure positive pour vous-même et pour vos enfants

Une structure satisfaisante est construite à partir de l'association de règles générales et de savoir-faire. Dans cette première partie, nous nous intéresserons davantage aux règles : Quelles sont-elles ? Comment les édifier ? Comment les évaluer ? Comment s'assurer qu'elles développent bien confiance en soi et compétence, et non doute et honte ? Il existe beaucoup de lieux en dehors de ce livre où les parents peuvent découvrir les savoir-faire qu'ils souhaitent acquérir ou enseigner à leurs enfants, qu'il s'agisse de construire un cerf-volant ou de programmer un ordinateur. « Comment apprendre... » telle ou telle technique n'est pas le sujet central de ce livre, bien que la partie intitulée « Grandir, encore et encore » comporte des informations sur ce que vous pouvez inculquer à vos enfants en fonction de leur âge.

Les principes et les savoir-faire doivent se consolider mutuellement. Les parents font respecter les règles non seulement pour protéger leurs enfants mais aussi pour leur enseigner comment accomplir certaines tâches. Ces principes généraux constituent des limites pour les enfants. Les différents savoir-faire peuvent ensuite être assemblés progressivement pour consolider la structure totale. Au fur et à mesure que les enfants deviennent de plus en plus habiles et responsables, ils parviennent progressivement à constituer leurs propres règles de conduite et à les observer. Ils apprennent à prendre soin d'eux-mêmes.

L'importance des limites

Il est important de donner des limites claires aux enfants. Regardez attentivement de jeunes enfants en train de jouer, les uns, dans un endroit clos, et les autres dans un lieu ouvert. Là où il y a des barrières, ils utilisent tout l'espace disponible. Quand elles sont absentes, ils évitent de s'aventurer à la périphérie et réduisent leur territoire de jeu.

Les règles que les parents instituent sont comme des barrières autour d'une aire de jeu. Quand il y en a , les enfants se sentent en sécurité ; ils ont le sentiment que l'on prend soin d'eux et se sentent libres d'explorer les espaces permis et même les lieux interdits. Si la protection réside à l'intérieur des limites, l'extérieur est au contraire le domaine de l'imprévisible.

S'il n'y a pas de limites, les enfants deviennent trop prudents et perdent leur spontanéité... à moins qu'ils ne se montrent trop téméraires. En revanche, des frontières fermement maintenues et expliquées avec amour les rassurent et leur permettent peu à peu de construire leurs propres règles. Cela les aide à s'estimer et à se respecter.

Tous les enfants n'ont pas la chance d'avoir des parents expérimentés. Certains enfants, en effet, découvrent les règles avec des adultes trop critiques et trop sévères dans leurs appréciations des erreurs enfantines. D'autres les apprennent par déduction. On ne leur dit jamais vraiment ce qu'ils doivent ou ne doivent pas faire. Ils sont censés le savoir de toute façon. D'autres encore sont élevés selon des principes très rigides, subissent des punitions sans rapport avec leurs actes, sont menacés d'abandon ou même réellement abandonnés...

Pour survivre, les enfants doivent développer leur propre structure. Ils la construisent avec ce qu'on leur donne. S'ils ne reçoivent pas suffisamment de cubes structurants, cubes issus de règles cohérentes et appropriées, ils « incorporent » alors des cubes de critique et des cubes de rigidité. Ils paraissent solides, mais ces cubes les rendent souvent inflexibles et durs avec eux-mêmes comme avec les autres. Ils sont souvent incapables de tenir compte d'informations qui leur permettraient de prendre des décisions tout en respectant leurs besoins et ceux des autres.

Voici plusieurs personnes qui ont eu des parents critiques ou rigides : Ben est raide et a l'air de ne rien ressentir. Sarah pleure facilement et se juge impitoyablement tandis que Nancy ne sourit jamais et critique tout le monde. Nathan a des opinions tranchées et ridiculise tous ceux qui pensent différemment de lui. Shirley élève ses enfants comme il y a cinquante ans.

Les enfants qui ont des parents qui les idolâtrent, qui les étouffent sous des piles de cadeaux ou qui ont reçu une structure molle comme de la guimauve sont eux aussi construits avec des cubes abîmés. Ils édifient une structure qui fonctionnera, mais mal. Leurs limites auront des trous et leur charpente interne manquera de flexibilité. Voici quelques exemples d'adultes : à la maison, Frank ne range jamais ses vêtements et ne participe pas non plus aux corvées ! Marcie interrompt des gens qu'elle ne connaît pas pour leur donner son opinion. Les équipiers de Jack se plaignent de ce qu'il ne passe pas le ballon. Ann demande à son mari de lui dire ce qu'elle pense, ***elle***.

Comment reconnaître les attitudes structurales, positives et négatives

Commencez par voir quelle attitude structurale* vous adoptez en vous reportant aux tableaux des pages 34 à 39 et en étudiant les six manières de fonctionner qui y sont décrites. Ces six « positions » ou attitudes sont : l'Attitude Rigide, l'Attitude Critique, les Règles Non-négociables, les Règles Négociables, l'Attitude « Guimauve » et l'Attitude Absente. La Rigidité est la plus stricte tandis que l'Absence à l'autre extrémité est la plus tolérante car les règles y sont carrément inexistantes. Ces deux positions, bien que situées à l'opposé l'une de l'autre aboutissent au même résultat : elles ignorent les besoins individuels. Les positions « Règles Négociables » et « Règles Non-négociables » permettent, elles, l'élaboration d'une structure facilitant l'apprentissage des savoir-faire. Elles sont très utiles aux enfants et à leurs parents.

Rappelez-vous ces différents éléments lors de votre lecture de ces tableaux.

- Commencez par vous familiariser avec ces tableaux avant d'évaluer l'attitude structurale de vos parents et celle que vous adoptez avec vos enfants. Habituez-vous aux mots

* *N.d.T.* Une attitude structurale est l'attitude prise par les parents dans leurs rapports avec les enfants quand il est question de règlements, de limites et d'obligations, c'est-à-dire de structure. L'attitude structurale des parents a bien sûr un effet sur la manière dont l'enfant va se structurer.

employés et aux comportements décrits pour chaque position.

- Chaque tableau représente un style particulier de comportement de la part des parents et la réponse de l'enfant à cette attitude spécifique.
- Face aux situations dans lesquelles il se trouve, chaque enfant réagit, interprète et prend des décisions d'une manière qui lui est propre et qui reflète sa créativité et ses capacités. Aussi ses choix peuvent-ils ne pas toujours correspondre aux exemples présentés dans ces tableaux.
- Tous les enfants font l'expérience de ces différentes attitudes structurales à la maison, à l'école et de la part d'adultes autres que leurs parents.
- Les informations sont présentées sous forme de tableaux afin que vous puissiez voir les effets de tel ou tel type d'attitude structurale. Vous pouvez aussi comparer les réponses aux différentes positions en lisant les tableaux horizontalement.

Tableaux des attitudes structurales

Attitudes adoptées par les parents et réactions des enfants

Les enfants se sentent protégés et libres et apprennent à se respecter grâce aux « Règles Négociables » et aux « Règles Non-négociables ». Le désespoir et l'échec proviennent des attitudes Rigide, Critique, « Guimauve » et Absente. (Voir les pages 34 à 39.)

L'Attitude Rigide

Situation : Un adolescent de 15 ans a bu de l'alcool

Ses caractéristiques :

La rigidité est censée protéger l'enfant. En fait, elle provient avant tout de la peur. Il s'agit d'un ensemble de principes gravés dans la « pierre » il y a très longtemps et destinés à d'autres personnes. Ces principes méconnaissent le développement de l'enfant. Les adultes menacent par exemple l'enfant de punitions et/ou de ne plus l'aimer afin d'obtenir sa soumission. Celui-ci n'a pas son mot à dire, quoi qu'il arrive.

Exemple :

« Si tu touches une fois de plus à l'alcool, ce n'est plus la peine de rentrer à la maison. »

Les enfants peuvent entendre les messages sous-jacents suivants :

« Tu n'es pas important. Ne pense pas par toi-même. N'existe pas. Tu seras abandonné si tu fais une erreur. N'aie pas confiance en toi. »

Réactions courantes des enfants :

L'enfant se sent opprimé, mis à distance et abandonné. Il est en colère, il est désespéré ; il a peur et a le sentiment qu'on ne lui fait pas confiance et qu'il ne vaut rien.

Prises de position possibles des enfants :

On ne veut pas de moi. Mes parents n'ont rien à faire de moi. Le règlement est plus important que mes besoins. Je vais laisser les autres penser à ma place. Je vais me soumettre, me rebeller ou me renfermer sur moi-même. Je vais me faire des reproches.

L'Attitude Critique

Les personnes qui ont recours à la critique étiquettent les gens de manière péjorative au lieu de les conseiller en leur disant ce qu'ils devraient faire. Les mots « jamais » et « toujours » sont fréquemment employés. L'attitude critique ne considère pas les enfants et leur montre comment échouer. Tourner l'autre en ridicule constitue aussi une forme de critique destructrice.

« Tu fais tout le temps des choses idiotes. Voilà maintenant que tu t'es mis à boire. Tu es vraiment tout le portrait de ton père ! »

« Ne sois pas ce que tu es. Ne réussis pas. Ne sois pas capable. Personne ne peut t'aimer. »

L'enfant se sent impuissant, diminué, rejeté, blessé, humilié, écrasé, sans importance, nul. Il a peur et il est en colère.

Je devrais savoir ce que j'ignore. Je vais m'appliquer encore davantage ; je vais être fort et parfait. Si je ne fais pas quelque chose correctement alors je suis mauvais. Je ne peux pas être assez bien. Je n'ai aucun espoir. À quoi bon ?

Les Règles Non-négociables

Situation : Un adolescent de 15 ans a bu de l'alcool

Ses caractéristiques :

Une attitude raisonnable fondée sur des règles non-négociables permet à l'enfant de développer son estime de soi. Ces règles doivent être suivies. Les enfants découvrent qu'ils peuvent s'appuyer sur elles et qu'il existe des récompenses s'ils les suivent et des sanctions s'ils les enfreignent. Bien qu'elles soient appliquées fermement, celles-ci ne sont pas rigides car elles peuvent être modifiées pour le bien de chacun dans la famille.

Exemple :

« Tu n'as pas le droit de boire de l'alcool avant l'âge légal. Il existe des sanctions si tu le fais : ce sont… »

Les enfants peuvent entendre les messages sous-jacents suivants :

« Ton bien-être et ta sécurité sont importants. Tes parents s'estiment capables. Ils désirent s'occuper de toi et souhaitent faire respecter les règles. »

Réactions courantes des enfants :

L'enfant se sent en sécurité, pris en charge, solide, aidé, responsable et apprécié. Il peut cependant ressentir une certaine frustration, de l'irritation et se rebeller de temps en temps. Il apprend à se conformer à la règle et à être responsable de lui-même.

Prises de position possibles des enfants :

Il y a des règles auxquelles je dois me conformer. Je peux tirer parti de mes erreurs. Je suis quelqu'un de bien. Je suis capable. Il y a des gens qui m'aiment. Ils font attention à moi et prennent soin de moi.

Les Règles Négociables

Cette attitude enseigne aux enfants comment réfléchir et résoudre des problèmes leur permettant ainsi de développer leur estime de soi. Ces règles sont négociées dans un premier temps puis elles sont fermement appliquées. Quand elles ont été créées pour appuyer une règle non-négociable, elles peuvent être ajustées en fonction du niveau de développement de l'enfant et de ses savoir-faire actuels. La négociation donne aux enfants l'occasion de se confronter et de se quereller avec leurs parents, de reconnaître le bien-fondé des règles et d'apprendre progressivement à être responsables d'eux-mêmes.

« Il se peut qu'un jour tu te trouves au milieu d'un groupe de jeunes qui boivent. Trouve autre chose à faire pour ne pas passer tout ton temps libre avec ces adolescents. »

Tu es capable de réfléchir. Tu peux entamer une négociation et y participer. Tes besoins et ceux des autres sont importants. Tu dois faire avec la réalité. On attend de toi que tu dépenses ton énergie de façon positive pour toi et pour les autres.

L'enfant se sent en sécurité, respecté, écouté, fort, important, aimé et intelligent. Il a le sentiment que l'on prend soin de lui mais il est parfois frustré. Il apprend à évaluer les règles, à participer à leur élaboration, à les suivre et à être responsable de lui-même.

C'est OK pour moi de grandir mais aussi d'être dépendant à certains moments. Je suis capable de penser et je peux être aidé à mener ma réflexion jusqu'à son terme. Je suis chaque jour un peu plus compétent et responsable de moi-même.

L'Attitude « Guimauve »

Situation : Un adolescent de 15 ans a bu de l'alcool

Ses caractéristiques :

Les parents « guimauve » laissent une entière liberté à leurs enfants sans leur demander d'être responsables d'eux-mêmes. On a l'impression qu'il s'agit d'une attitude positive alors qu'en fait ce comportement implique premièrement que l'adulte ne tient pas compte des capacités de l'enfant et deuxièmement qu'il lui donne en quelque sorte la permission d'être irresponsable et d'échouer. En même temps, cela permet aux parents d'avoir le beau rôle, de jouer les victimes ou d'avoir le sentiment qu'ils maîtrisent la situation.

Exemple :

« Si tous les adolescents boivent de l'alcool, j'imagine que tu le peux aussi. » « Tu es trop jeune pour boire et conduire en même temps, alors tu n'as qu'à boire un verre à la maison. » Ou encore « il faut que jeunesse se passe ! »

Les enfants peuvent entendre les messages sous-jacents suivants :

Ne sois ni compétent ni responsable. Ne sois pas ce que tu es. Ne grandis pas. Tu peux être odieux et obtenir tout ce que tu veux sans trop de difficultés. J'ai besoin de continuer à m'occuper de toi. Mes désirs sont plus importants que les tiens.

Réactions courantes des enfants :

L'enfant se sent traité avec condescendance et empêché de grandir. Il demeure irresponsable afin de faire plaisir à ses parents. Il a l'impression d'être miné de l'intérieur, d'être fou et manipulé. Il pense que l'on ne tient pas compte de son avis et qu'il n'est pas aimé. Il est insatisfait et en colère.

Prises de position possibles des enfants :

Je dois prendre en charge les sentiments et les besoins des autres ou, au contraire, je ne dois me soucier que de moi. Je suis incapable d'apprendre à m'estimer et à m'occuper de moi-même. Si de l'aide t'est proposée, ne crois pas qu'il s'agit là d'une bonne intention. En tout cas attends-toi à devoir en payer le prix. Ne compte pas sur une aide structurante de la part des autres.

L'Attitude Absente

L'absence de l'adulte consiste en l'abandon réel ou psychologique de l'enfant. Il n'y a pas de règles, pas de protection ni de contact. L'enfant comprend que l'adulte n'est pas disponible pour lui. Taquiner un enfant alors qu'il a besoin d'être soutenu ou de recevoir l'approbation des adultes constitue une forme d'abandon.

L'adulte dit ainsi par exemple « je ne veux pas en parler », se moque de la souffrance de l'enfant ou encore l'humilie. Il est absent au sens propre ou au sens figuré ; il boit, il taquine l'enfant au lieu de lui répondre.

Je n'ai pas l'intention de m'occuper de toi. Je ne veux pas de toi. Tes besoins n'ont aucune importance, par contre, les miens en ont. Personne n'est là pour toi. Tu n'existes pas.

L'enfant est en colère ; il est inquiet, terrifié, blessé et déçu. Il se sent rejeté et sans importance. Il a l'impression qu'il ne compte pas et qu'il n'existe pas. Il peut être tenté par le suicide.

Ne demande et n'attends aucune aide. Personne n'a rien à faire de toi. Il faudra que je me débrouille tout seul si je veux survivre. Ne fais pas confiance à l'aide qui t'est offerte. L'aide et la confiance sont une plaisanterie.

Évaluez l'attitude structurale que vous adoptez avec vos enfants

Utilisez les exemples suivants pour vous entraîner à discerner les moments où vous offrez une structure claire, des moments où vous pourriez faire mieux.

Voici des réponses à trois situations ayant trait à l'éducation des enfants. Au fur et à mesure de votre lecture demandez-vous : « ***Est-ce qu'il pourrait m'arriver d'utiliser une de ces quatre réponses non-soutenantes ?*** » Si c'est le cas, voyez si les réponses des attitudes « Règles Négociables » ou « Règles Non-négociables » proposées ici peuvent être utilisées dans votre contexte familial. Sinon, transformez-les afin qu'elles vous conviennent davantage.

TRAVERSER LA RUE
ENFANT DE 4 ANS

Attitude Rigide : « Si tu mets un pied sur la route, je te flanque une fessée ! »

Attitude Critique : « Ne va pas sur la route petit imbécile ! Où as-tu la tête ? Je t'ai déjà dit cent fois que tu te ferais écraser ! »

Règles Non-négociables : « Viens me chercher quand tu veux traverser la rue. Tu ne peux traverser qu'avec un adulte ou ton grand-frère. »

Conséquence négative ou sanction si la règle n'est pas respectée : « Tu vas réfléchir tranquillement pendant cinq minutes. Pendant les deux prochains jours, tu n'auras pas le droit de jouer dehors si je ne suis pas là. »

Conséquence positive ou récompense si l'enfant se conforme à la règle : Féliciter l'enfant car il est resté sagement sur l'herbe ou sur le trottoir.

Règles Négociables : Il n'y en a pas : la sécurité dans la rue n'est pas négociable.

Attitude « Guimauve » : « Tâche de te rappeler de ne pas traverser la rue. »
Attitude Absente : L'adulte ne s'aperçoit de rien.

MANGER DES BONBONS
ENFANT DE 3 À 6 ANS

Attitude Rigide : « Tu n'as pas le droit de manger des bonbons. C'est mauvais pour la santé. »
Attitude Critique : « Dis donc petit voleur, où as-tu trouvé ces bonbons ? »
Règles Non-négociables : « Tu as le droit de manger des bonbons deux fois par semaine. »
Conséquence négative ou sanction si la règle n'est pas respectée : Pas de sucreries pendant une semaine.
Conséquence positive ou récompense si l'enfant se conforme à la règle : Féliciter l'enfant et lui offrir un petit cadeau.
Règles Négociables : « Papy t'apporte toujours des bonbons. Nous allons décider ensemble quand et combien tu pourras en manger. Je t'aiderai à les garder. Tu peux aussi en offrir aux autres. » L'enfant apprend à faire la différence entre conséquences positives et négatives.
Attitude « Guimauve » : « Tu ne peux pas t'empêcher de manger des bonbons, hein ? Mon petit bout de chou en sucre ! »
Attitude Absente : Pas de règlement. L'enfant se sert de sucreries comme il veut. Ses parents ne font pas attention à ce qu'il mange et consomment eux-mêmes beaucoup de bonbons.

L'HEURE DU COUCHER
ENFANT DE 6 À 12 ANS

Attitude Rigide : « Tu dois être au lit à huit heures quel que soit le jour et quoi qu'il arrive. Sans exception. »

Attitude Critique : « Tu ne te couches jamais quand je te le demande. Tu n'as pas intérêt à te relever ou à rallumer la lumière. »
Règles Non-négociables : Les parents choisissent l'heure du coucher de l'enfant afin qu'il ait son compte de sommeil et qu'il se réveille naturellement pour se préparer à aller à l'école.
Conséquence négative ou sanction si la règle n'est pas respectée : « Si jamais je dois te réveiller un matin, tu devras te coucher un quart d'heure plus tôt ce soir-là. »
Conséquence positive ou récompense si l'enfant se conforme à la règle : « Si tu te couches à l'heure pendant toute une semaine, tu pourras veiller un peu plus tard, le samedi. »
Règles Négociables : « Pendant les week-ends et les vacances, tu peux décider avec nous de l'heure à laquelle tu te coucheras. » L'enfant apprend à faire la différence entre conséquences positives et négatives.
Attitude « Guimauve » : « Essaie de te coucher plus tôt ce soir. Je finirai ton travail à ta place. »
Attitude Absente : L'adulte ne fait pas attention à l'heure à laquelle l'enfant se couche ou le fait veiller très tard à sa convenance.

Conséquences naturelles et conséquences logiques

Peut-être vous demandez-vous : ***Comment choisir des récompenses et des sanctions adéquates ?*** Il existe deux sortes de conséquences pouvant être utilisées à ce sujet : ce sont les conséquences naturelles et les conséquences logiques. Il est utile de savoir en quoi elles diffèrent.

Les conséquences naturelles sont le résultat immédiat d'un comportement. Elles sont soit positives soit négatives. Bien souvent, faire l'expérience des conséquences naturelles d'une action constitue la meilleure leçon que l'on puisse recevoir que l'on soit un adulte ou un enfant : par exemple, si on pousse quelqu'un, on est poussé à son tour ; si on oublie son déjeuner à la maison, on finit par avoir faim ; si on roule trop vite, on reçoit une contravention ; si on travaille bien, on réussit son examen... On apprend ainsi que le résultat dépend des choix que l'on fait et qu'on en est responsable.

Les conséquences logiques sont utilisées en tant que conséquences négatives quand les conséquences naturelles se révèlent trop dangereuses, trop longues à venir ou susceptibles de causer des problèmes au reste de la famille. Voyez ce que des parents disent à propos des conséquences logiques et des conséquences naturelles dans le livre de Jean Illsley Clarke[1].

- Les conséquences naturelles suivent automatiquement un comportement. Les conséquences logiques ont un lien avec celui-ci mais ne sont compréhensibles que si on y réfléchit.
- Rater un examen parce qu'on ne l'a pas assez révisé est une conséquence naturelle. Par contre, devoir rester à la maison tous les soirs pour étudier est une conséquence logique de cet échec.
- Perdre un ami parce qu'on a été impoli est naturel. Lui écrire une lettre d'excuses est logique.
- Lorsque nous faisons des contrats avec nos enfants, nous leur expliquons quelles en seront les conséquences s'il n'est pas respecté.
- Ne pas pouvoir déjeuner à l'école parce qu'on a oublié d'apporter son repas est logique. Avoir faim est naturel.
- Devoir se rendre à l'école à pied parce qu'on a manqué le bus est logique. Être fatigué après cette longue marche est naturel.
- Priver l'enfant de télévision parce qu'il s'est battu à l'école n'est pas logique. Par contre, avoir une discussion

à ce sujet avec lui et avec son institutrice ou insister pour que le règlement de l'école concernant les bagarres soit appliqué est logique.

Des parents responsables n'admettent pas que leurs enfants fassent des choix dangereux ou autodestructeurs. Si un enfant s'engage sur une telle pente, ses parents feront le nécessaire pour le ramener sur une voie plus saine. Des adultes sensés ne laissent pas leur enfant courir sur la route pour qu'il fasse l'expérience des conséquences naturelles d'un accident. Pas plus qu'ils ne le laisseraient se droguer et en subir les conséquences mortelles sans intervenir.

Dans les quatre exemples suivants, les récompenses et les conséquences sont soit logiques soit naturelles. Notez leurs différences et imaginez d'autres conséquences logiques pour chacun d'entre eux.

À L'HEURE DES REPAS
ENFANT DE 6 À 12 ANS

Attitude Rigide : « Nous prenons toujours nos repas ensemble à huit heures, à midi et à six heures. On ne mange pas entre les repas. Si tu n'es pas à l'heure, tant pis pour toi. »

Attitude Critique : « Il faut toujours que tu sois en retard ! Il n'y a rien à tirer de toi ! Tu es privé de dîner. Va dans ta chambre. »

Règles Non-négociables : « Il est indispensable pour la santé de se nourrir correctement. Si tu sautes un repas, interdit de se rattraper sur les sucreries en attendant le prochain. »

Conséquence négative ou sanction si la règle n'est pas respectée : « Si tu sautes un repas et que tu grignotes après, je supprimerai toutes les friandises pendant une semaine. » (Logique)

Conséquence positive ou récompense si l'enfant se conforme à la règle : Féliciter l'enfant pour ses bonnes habitudes alimentaires. L'adulte lui propose de choisir ensemble le menu suivant. (Logique)

Règles Négociables : « Je sais que tu n'aimes pas les horaires fixes. On peut, si tu veux, être plus souple le week-end. »

Attitude « Guimauve » : « Je peux te préparer quelque chose à manger quand tu veux, de jour comme de nuit. »

Attitude Absente : L'adulte se moque de savoir si l'enfant est présent ou non aux heures des repas. Il se nourrit d'ailleurs lui-même n'importe quand.

Un(e) adolescent(e) veut aller à une soirée

Attitude Rigide : « Je t'interdis d'aller à des soirées chez des camarades. Uniquement à celles de l'école. »

Attitude Critique : « Tes copains sont de mauvaises fréquentations. Je suis sûr qu'il y aura de la drogue ! Je ne te fais pas confiance. Bien entendu, tu ne peux pas y aller. »

Règles Non-négociables : « Tu ne peux aller à des soirées chez des camarades que si leurs parents sont présents (pas dans leur chambre mais en bas avec vous). Tu dois nous téléphoner si tu ne te sens pas en sécurité et nous viendrons immédiatement te chercher. »

Conséquence négative ou sanction si la règle n'est pas respectée : « Si tu restes à une soirée non surveillée par des adultes... je téléphonerai la prochaine fois aux parents du camarade qui organise la fête pour savoir s'ils comptent être présents ce soir-là. S'il le faut, je t'accompagnerai et je rencontrerai les parents de tes amis pour que nous nous mettions d'accord sur un certain nombre de règles et sur leurs conséquences.

(Logique)... Je n'aurai plus tout à fait confiance en toi. » (Naturel)
Conséquence positive ou récompense si l'enfant se conforme à la règle : « Si tu téléphones, je viendrai te chercher (logique) et je te respecterai (naturel). Je te ferai confiance et te donnerai davantage de liberté. » (Logique)
Règles Négociables : « Je tiens à savoir quand tu sors et où tu vas. Nous verrons ensemble ce que tu peux faire pour t'amuser en toute sécurité. » L'enfant participe aux choix des conséquences négatives et positives.
Attitude « Guimauve » : « Je veux que tu sois populaire parmi tes camarades, alors va à toutes les soirées auxquelles tu es invité(e). Est-ce que tu as besoin de vêtements neufs ? »
Attitude Absente : « Je vais à une soirée moi aussi alors fais ce que tu veux. »

Une jeune fille de 13 ans raconte à ses parents qu'un garçon l'ennuie chaque jour à l'arrêt d'autobus

Attitude Rigide : « Tape-lui dessus ! »
Attitude Critique : « Qu'est-ce que tu as encore fait ? De toute façon, tu t'attires toujours des ennuis ! »
Règles Non-négociables : « Si quelqu'un te brutalise ou te dit des choses méchantes, réfléchis à ce que tu peux faire pour l'arrêter. »
Conséquence négative ou sanction si la règle n'est pas respectée : Lui rappeler la règle. (Logique)
Conséquence positive ou récompense si l'enfant se conforme à la règle : L'enfant se sent mieux (naturel). L'adulte le félicite pour son succès ; ils font une petite fête. (Logique)
Règles Négociables : « Je n'aime pas que tu te fasses ennuyer comme ça. Si cela recommence, nous essayerons de voir ensemble comment résoudre ce

problème. » En cas de succès, l'enfant participe au choix de la récompense.
Attitude « Guimauve » : « Oh, mon canard ! Qui est-ce, que je téléphone à sa mère ! »
Attitude Absente : « Et alors ? »

Utilisation de la voiture
Jeune conducteur qui vient d'obtenir son permis de conduire

Attitude Rigide : « Tu n'as pas à me demander la voiture. C'est moi qui déciderai quand tu pourras la conduire. »
Attitude Critique : « Tu peux prendre la voiture ? Tu plaisantes, j'espère ! Je ne tiens pas à ce que tu me la bousilles ! »
Règles Non-négociables : « Tu dois suivre le code de la route. Pour l'instant, tu ne peux transporter plus de deux amis avec toi ni sortir de la ville. »
Conséquence négative ou sanction si la règle n'est pas respectée : Pas d'utilisation de la voiture pendant une semaine. (Logique)
Conséquence positive ou récompense si l'enfant se conforme à la règle : Davantage de liberté dans l'utilisation de la voiture. (Logique)
Règles Négociables : « Quand nous verrons que tu conduis suffisamment bien, tu pourras emmener d'autres personnes avec toi en voiture. » L'adolescent participe au choix des conséquences positives et négatives.
Attitude « Guimauve » : « Tu veux la voiture ? J'en ai besoin aussi mais prends-la, je me débrouillerai avec l'autobus. »
Attitude Absente : L'adulte dit : « Fais comme tu veux » ou il est absent, saoul, préoccupé ou bien encore il ignore ou taquine l'enfant au lieu de lui donner des limites.

Y a-t-il aussi des conséquences pour les parents ?

Les parents ignorent souvent qu'il existe aussi pour eux des récompenses et des sanctions s'ils ne remplissent pas leur part du marché.

Quand nous avançons l'idée d'un contrat entre l'enfant et ses parents, assorti de gratifications et de sanctions pour l'enfant mais aussi pour les adultes, celui-ci répond souvent : « Il n'y a bien sûr jamais de punitions pour les parents ! Si un adulte ne remplit pas sa part du contrat, il s'en sort très bien ! » Si on en discute avec l'enfant, il s'aperçoit très vite qu'il sanctionne en réalité les adultes : « Oui, c'est vrai, je ne leur fais plus autant confiance qu'avant » ou « Je prends plus de temps pour faire ce qu'ils me demandent. »

Les sanctions infligées aux adultes sont parfois évidentes comme par exemple lorsqu'un enfant dit à ses parents : « Vous n'avez pas tenu vos engagements. » Plus souvent, il les pénalise de manière « passive » en ignorant le règlement, par des oublis, en boudant, en ne leur faisant plus confiance, en ne rangeant pas, en étant en retard, insolent, en ayant de mauvaises notes à l'école ou en se moquant des valeurs familiales.

Il est important pour nous, parents, de respecter notre part du marché ou de reconnaître qu'on ne l'a pas fait et en admettre les conséquences. Quand il s'agit de nous, nous pouvons préférer les conséquences logiques aux conséquences naturelles de notre erreur. En voici un exemple : « Si je t'ai promis de venir te chercher et que je suis en retard, je débarrasserai la table à ta place. »

Lorsque vous communiquez avec vos enfants, essayez de voir quels types d'attitudes structurales vous adoptez. Si vous vous surprenez en train d'utiliser les positions Rigide, Critique, « Guimauve » ou Absente, arrêtez-vous un instant pour réfléchir à un moyen de mieux poser les limites et demandez-vous si vous ne devriez pas dans ce cas précis utiliser une règle non-négociable ou une règle négociable. Cependant, peut-être est-ce à vous d'accepter de manière plus responsable les conséquences de votre comportement.

Les messages structurants

Deux types de messages permettent le développement d'une structure saine chez chacun d'entre nous. Il s'agit dans le premier cas de reconnaître ce qui a été bien fait et d'en féliciter son auteur, et, dans le second de dire ce qui ne va pas, tout en proposant une aide.

Voici des exemples relatifs au premier type de message : « J'admire ta façon de faire ça ! » ; « Tu as écrit un très bon article. » ; « Eh bien bravo ! » ; J'aime bien la façon dont tu as allié les couleurs dans cette peinture. »

Le second type de message structurant consiste à dire à une personne ce qu'elle ne fait pas bien tout en lui montrant comment le faire mieux. C'est une tâche particulièrement difficile quand on a pris l'habitude de se croire responsable des sentiments des autres. Il ne s'agit pas ici de faire en sorte qu'ils se sentent « nuls » mais plutôt de leur montrer qu'on tient suffisamment à eux pour les aider à s'améliorer.

On peut dire : « Ne fais pas cela parce que... fais plutôt cela. » Un message formulé de la sorte se révèle utile. En voici un exemple : « Si tu veux repasser cette chemise, commence plutôt par le col, pas par les manches. Je vais te montrer comment il faut faire. » Ou, autre exemple : « Je n'aime pas que tu me critiques. Cela me met très en colère contre toi. Dis-moi plutôt ce que tu n'aimes pas et ce que je peux faire pour y remédier. »

Tout message du style « Ne fais pas... » qui ne nous dit pas ce que nous devons faire à la place est une critique. Ce n'est pas quelque chose de structurant. Le plus important quand on fait une remarque à un enfant pour l'aider à s'améliorer est de lui parler calmement, clairement et avec tendresse. Les mots, la voix ainsi que notre attitude doivent être à la fois fermes et doux.

Il se peut que l'enfant entende cela comme une critique et non comme un message structurant. Il vous évite alors, vous accuse de crier ou agit comme quelqu'un qui se sent humilié.

Si vous dites à un enfant « J'aime ce que tu fais » ou « Je pense que tu peux faire mieux » et que vous avez l'impression qu'il le prend comme une critique ou une humiliation, vous pouvez tout à fait intervenir. Par exemple, s'il a du mal à accepter les compliments :

- Dites-lui avec tendresse : « Je crois que tu as besoin de t'entraîner à accepter les compliments. »
- Montrez-lui combien vous êtes attentif à lui. Demandez-lui ensuite de réécouter votre message. Répétez-le calmement.
- Dites-lui : « Je ne suis pas sûr(e) que tu m'aies bien entendu(e). Écoute bien. Écoute et crois ce que je te dis. »
- Donnez-lui gentiment une petite tape sur le bras et dites-lui : « Et si tu m'écoutais vraiment ? »
- Dites-lui : « Quand je te fais un compliment sincère, j'aimerais bien que tu l'acceptes. »
- Touchez l'enfant doucement et répétez-lui votre message.

En marche vers la structure, loin de la honte et des blâmes

Certains exemples du tableau vous ont sûrement rappelé des expériences de votre enfance. Vos parents avaient peut-être une attitude Rigide, Critique, « Guimauve » ou Absente. Si c'est le cas, il se peut que vous vous affligiez de ne pas avoir reçu ce dont vous aviez besoin alors pour vous structurer. Vous pouvez aujourd'hui découvrir comment recevoir des messages structurants et vous pouvez décider d'intégrer ceux-ci, de les assimiler.

Les messages négatifs les plus puissants, les plus destructeurs que nous conservons en nous sont de vieux messages « Critique » ou « Guimauve » inculqués par des adultes pendant notre enfance. Continuer à les écouter encore aujourd'hui ferait de nous notre pire ennemi. Ils nous poussent à confondre ce que nous sommes avec ce que nous faisons et à avoir honte de nous-même. Repensez à tous les messages que vous avez reçus. Voyez si vous avez tendance à utiliser de vieux messages autodestructeurs quand vous vous entretenez avec vous-même.

Si vos parents ont eu souvent recours à l'Attitude « Guimauve », vous avez alors appris le langage de la prise en charge, celle des autres, pas la vôtre ! Il se peut que vous ayez maintenant des difficultés à vous « porter » et à soutenir de manière saine ceux dont vous avez la charge. C'est important pour vous de voir quand vous blâmez les autres au lieu d'accepter d'être responsable de votre comportement et de vos sentiments.

Il arrive que des personnes comprennent certains messages comme des messages destructeurs alors que ce n'était pas l'intention de leur interlocuteur. Certains d'entre nous ***transforment*** sans le vouloir des messages structurants en une critique ou un blâme. Toujours cette fameuse tendance à l'humiliation ! Les personnes qui n'ont pas reçu suffisamment de « cubes de structure » ont dû se débrouiller avec des « cubes de critique » à la place. Ces derniers contiennent trop de sens critique et peu d'éléments structurants. Une fois adultes, ces personnes ne tolèrent plus aucune critique : « J'ai déjà eu ma dose pendant mon enfance ! Je ne laisserai personne me dire ce que j'ai à faire ! » Tout conseil pour les aider à se structurer est alors accueilli comme une critique négative :

- Elles rejettent tous les messages qui peuvent être structurants pour elles parce qu'elles les comprennent comme des blâmes.
- Elles sabotent les projets...
- Elles critiquent leur interlocuteur : elles déclenchent une dispute, dévalorisent la personne ou se cramponnent à leurs ressentiments. Elles les accumulent jusqu'au moment où elles en ont suffisamment amassés pour justifier leur explosion de colère.

Il existe une variante à cette catégorie. Certaines personnes qui ont été durement jugées, maltraitées ou négligées pendant leur enfance ne blâment pas les autres, bien au contraire. C'est elles-mêmes qu'elles condamnent. Quand on les critique ou qu'on leur transmet des messages structurants, elles les entendent aussi comme des reproches :

- Elles se sentent blessées mais se soumettent.
- Elles se sentent humiliées mais se soumettent.
- Elles s'enfuient ou oublient ce qu'elles ont entendu.

Les enfants qui ont tendance à se critiquer et auxquels on donne un ordre réagissent souvent ainsi : « J'aurais dû savoir comment le faire... Je devrais être capable de tout résoudre tout seul... Si quelqu'un me dit ce que je dois faire, cela veut dire que j'ai des problèmes. »

À l'âge adulte, si un professeur ou un employeur leur dit qu'ils ne font pas bien un travail ou qu'ils ne se comportent pas de manière appropriée, ils entendent : « Tu es vraiment nul ! Mais qu'est-ce qui ne va pas ? »

Ceux qui se reprochent d'avoir été critiqués, négligés ou brutalisés par les autres souffrent de ce qu'on pourrait appeler « l'autocondamnation de la victime ».

La « condamnation de la victime » est un processus qui consiste à accuser la victime de s'être mise elle-même en mauvaise posture... ou même d'être ce qu'elle est. En voici des exemples :

- Frapper une petite fille d'un an parce qu'elle touche à tout. (C'est le « travail » d'un enfant de cet âge d'explorer son environnement. Ses parents pourraient lui aménager un endroit protégé et la détourner de tout objet dangereux.)
- Traiter un petit garçon de deux ans d'« épouvantable » quand il dit « non ». (C'est le « travail » d'un enfant de deux ans d'apprendre à penser différemment de ses parents. Ils pourraient au contraire trouver qu'il est « formidable » car l'enfant devra plus tard être capable de dire non à beaucoup de choses.)
- Se moquer d'une enfant de six ans parce qu'elle a peur d'aller dans sa nouvelle école. (Un enfant de cet âge est en train d'apprendre que le monde est vaste. Ses parents pourraient comprendre ses craintes, l'emmener à l'école pour visiter les lieux, lui en expliquer le fonctionnement et la rassurer.)
- Ridiculiser un adolescent parce qu'il mue. (Ses parents pourraient fêter son passage à la puberté.)
- Se livrer à des attouchements sexuels avec une enfant ou lui tenir des propos plein de sous-entendus douteux, puis lui dire que c'est parce qu'elle est jolie ou qu'elle le provoque. (Les enfants sont en droit de recevoir respect et attention.)

Quand des êtres humains ont subi beaucoup de mauvais traitements, qu'il s'agisse d'enfants laissés à l'abandon, de victimes d'abus sexuels, de victimes du racisme, de victimes de la violence institutionnalisée (les enfants battus à l'école, les personnes frappées par la police ou brimées à l'armée), ils finissent par intégrer le processus de « condamnation de la victime » et se condamnent alors eux-mêmes.

Voici des exemples de ce qu'ils pensent :

- « Maman m'aurait aimé si je n'avais pas été si turbulent. » (Au lieu de : « Je mérite d'avoir des parents qui m'aiment et qui ont envie de me prendre comme je suis. »)
- « Ma beauté n'a pas que des avantages. À cause d'elle, le petit copain de ma sœur a commencé à avoir des rapports sexuels avec moi quand j'avais 8 ans. » (Au lieu de : « Le copain de ma sœur m'a violée quand j'avais 8 ans. »)
- « Mon mari boit à cause de moi. » (Au lieu de : « Mon mari boit trop. »)
- « Si je suis sage, si je fais le ménage, si j'ai des bonnes notes, si je suis drôle et si je polarise leur attention sur moi, ils ne boiront pas. » (Au lieu de : « Mes parents boivent trop et j'ai besoin d'aide. »)
- « Si quelqu'un s'aperçoit que j'ai eu des rapports sexuels avec mon père, personne ne m'aimera plus alors je ne dirai rien. » (Au lieu de : « Je suis l'enfant de quelqu'un qui a commis un inceste. Je pense que vous savez que c'est quelque chose de très dur pour la victime quel que soit son âge. J'ai besoin d'aide et de réconfort. »)
- « Ma mère est en prison. J'imagine que vous allez me rejeter. » (Au lieu de : « Ma mère est en prison. Elle a fait quelque chose de mal. J'espère que vous me prendrez pour ce que je suis, moi. »)

Si vous avez tendance à entendre « Fais cela » ou « Tu peux faire mieux » comme une critique, si vous vous sentez alors honteux et vulnérable et si vous blâmez les autres quand ils vous donnent de bons conseils, essayez d'utiliser les points de repères suivants pour vous considérer sous un autre jour. Décidez de prendre le message « Là, tu ne fais pas ce qu'il faut faire, voilà comment il faut procéder » comme une aide, un soutien et non comme une critique. Nous pouvons tous faire le choix d'être des personnes compétentes et bien portantes au lieu d'être des victimes. Et puis nous pouvons aussi décider de la manière dont nous utiliserons les conseils des autres pour améliorer notre comportement ou la façon dont nous accomplissons certaines choses.

Il est vrai que parfois les gens ne formulent pas bien leurs messages et que leur ton, les mots qu'ils emploient nous donnent l'impression qu'ils veulent nous critiquer. Mais, même si ceci est réellement leur intention, nous pouvons toujours choisir de n'entendre que le positif et d'ignorer l'aspect « critique ». *Nous avons besoin d'une bonne structure, pas de critiques.* Nous pouvons prendre et assimiler le positif et tout ce qui peut nous aider à améliorer notre vie et nos compétences.

Les compliments

Les compliments sont aussi quelque chose de structurant : par exemple quand on nous dit que nous avons fait un bon travail, que nous l'avons terminé à temps, que nous nous sommes bien organisés ou que nous avons fait preuve de créativité...

Mais les compliments sont parfois difficiles à entendre pour ceux d'entre nous qui n'ont pas l'habitude d'être félicités ni admirés pour leurs actes. Il se peut que nous ayons cru, étant enfant, que nous devions savoir tout faire à la perfection. Et à présent, quand on nous fait un compliment, nous n'en tenons pas compte. Nous nous privons ainsi de ces éléments positifs qui contribuent à consolider notre structure et à développer notre amour-propre. Nous nous croyons parfois obligés de dénigrer les compliments qu'on nous fait ou de les justifier a posteriori. Et comme nous n'arrivons pas à reconnaître qu'ils sont fondés, nous essayons après coup de faire quelque chose de spécialement bien pour pouvoir les mériter.

Apprenez à entendre les félicitations qu'on vous adresse, à vous en imprégner, à les assimiler. Dites « Merci » puis arrêtez-vous un instant. Respirez à fond et inspirez le bon, le positif. Faites-le même si cela vous est difficile. Quand vos enfants réussissent quelque chose, vous vous efforcez de leur dire combien vous êtes fier d'eux. Faites cela aussi pour vous : apprenez à vous faire des compliments !

Une structure pour les adultes

Relisez plusieurs fois les exemples de Règles Négociables et de Règles Non-négociables proposés dans ce livre. Rappelez-vous que vous méritiez d'entendre ces messages quand vous étiez petit et que vous pouvez aujourd'hui les écouter et les assimiler. Utilisez-les avec vos enfants et répétez-les pour vous.

Lisez les trois exemples suivants et imaginez que ce sont des messages que vous vous adressez ou qui proviennent de quelqu'un que vous respectez et en qui vous avez confiance. Rappelez-vous que vous n'êtes plus un enfant mais un adulte responsable et que vous devez choisir les éléments structurants qui contribuent le mieux à votre épanouissement.

Situation : Une collègue a des ennuis avec le Directeur et vous demande de mentir pour elle. Vous vous dites :

Attitude Rigide : « Il ne faut jamais mentir qu'elles qu'en soient les raisons. »
Attitude Critique : « Tu es un(e) imbécile si tu le fais. Tu laisses toujours les autres profiter de toi. »

Règles Non-négociables : « Les autres sont responsables de leur comportement et de leurs choix. Toi aussi. »
Règles Négociables : « Vois si cette demande est en accord avec ton système de valeurs et réclame davantage d'informations si tu en as besoin. »
Attitude « Guimauve » : « Aide-la. Tu ne voudrais pas qu'elle se fâche avec toi ? »
Attitude Absente : « Évite d'y penser. »

Situation : Votre meilleur ami fait des blagues racistes. On vous dit :

Attitude Rigide : « Il faut toujours rire des plaisanteries d'un ami. »
Attitude Critique : « C'est un fanatique. Tu es bien bête de l'écouter. »
Règles Non-négociables : « On ne peut pas faire de blagues racistes. Dis à ton ami d'arrêter. »
Règles Négociables : « Vois quelle est la meilleure réponse que tu puisses lui donner. »
Attitude « Guimauve » : « Ton ami ne veut faire de mal à personne. Ris pour qu'il soit content. »
Attitude Absente : « Ris et oublie ça. »

Situation : Le curé de votre paroisse vous demande de l'aider bénévolement à recueillir des dons pour l'Église, mais vous êtes toujours très occupé.

Attitude Rigide : « Si M. le curé te le demande, tu dois le faire. »
Attitude Critique : « Tu as toujours été égoïste. Cela ne te ferait pas de mal d'aider un peu les autres. »
Règles Non-négociables : « Si cela constitue une surcharge de travail trop importante pour toi sur le plan physique ou psychologique, ne le fais pas. »

Règles Négociables : « Tu peux toujours refuser ce qu'on te propose. Réfléchis. Veux-tu accepter ce travail ou bien préfères-tu remplir tes obligations vis-à-vis de l'Église d'une autre façon ? »
Attitude « Guimauve » : « Vas-y. Accepte. Tu peux toujours t'arranger pour le glisser quelque part dans ton emploi du temps. Réduis ton temps de sommeil si nécessaire. »
Attitude Absente : « Je me moque de ce que tu fais. »

Voyez dans cette série d'exemples quelles sont les conséquences positives et négatives si on se conforme ou si on enfreint les règles négociables ou non-négociables. Vous vous apercevrez parfois que le fait que vous les respectiez peut ne pas toujours plaire aux autres. Vous serez cependant content de vous et vous aurez le sentiment d'être intègre et correct. Ne pas observer les règles pour éviter de contrarier les autres est un manque de respect de vous-même et de vos convictions.

Utiliser des limites et des règles saines avec les autres adultes

Reprenez les exemples où figurent les différentes attitudes structurales (Rigidité, Critique, Règles Non-négociables...) et essayez de voir quand vous parvenez à poser des limites saines dans vos rapports avec les gens. Rappelez-vous que lorsque vous prenez soin de vous, vous êtes capable de mieux vous occuper des autres par la suite.

Lisez les trois exemples suivants et voyez s'il pourrait vous arriver d'utiliser une des quatre réponses non-soutenantes. Si c'est le cas, regardez si les réponses des positions « Règles Négociables » ou « Règles Non-négociables » seraient en mesure de vous convenir. Sinon, modifiez-les afin de les adapter à votre situation. Lisez tous les exemples.

Si certains vous paraissent plus difficiles que d'autres, laissez-les de côté et reprenez-les plus tard. Rappelez-vous cependant que s'ils vous semblent ardus, c'est peut-être parce qu'ils sont proches de problèmes que vous devez affronter.

Situation : L'alcoolisme d'un des parents pose de graves problèmes à la maison ainsi qu'à son bureau.

Attitude Rigide : « Va-t-en ! »
Attitude Critique : « Espèce de bon(ne) à rien ! Qu'est-ce qui te prend ? »
Limite Non-négociable : « Fais-toi aider. Je vais me faire aider aussi. »
Conséquence négative ou sanction si la règle n'est pas respectée : « Si tu ne te fais pas aider, je prendrai des dispositions pour me protéger et pour protéger les enfants, en incluant l'éventualité d'une séparation. »
Conséquence positive ou récompense en cas de succès : Félicitations, admiration, soulagement. La famille est plus heureuse.
Limite Négociable : Le problème de l'alcoolisme n'est pas négociable.
Attitude « Guimauve » : (à soi-même) Quand il/elle sera moins stressé(e) à son travail, il/elle aura moins besoin de boire. Je vais encore l'excuser cette fois-ci.
Attitude Absente : Elle/il regarde son mari/sa femme boire et se détruire sans rien dire.

Situation : Dans un couple, la femme est chargée de payer les factures mais ne le fait pas.

Attitude Rigide : « Tu dois payer les factures dès que tu les reçois. Si tu oublies encore une fois de les régler, je ne te laisserai plus gérer l'argent du ménage et c'est moi qui déciderai de toutes les dépenses. »

Attitude Critique : « Quoi ? Encore ? On ne peut vraiment pas te faire confiance quand il s'agit d'argent. »
Limite personnelle Non-négociable : « Notre accord était que nous devions mettre de l'argent dans notre compte conjoint le premier du mois et que tu le gérerais. Je ne veux pas que nous ayons à payer des intérêts, alors règle les factures à temps, s'il te plaît. »
Conséquence négative ou sanction si la règle n'est pas respectée : Colère et déception exprimées fermement une seule fois. Confiance en elle diminuée jusqu'au jour où les factures sont payées à temps. Ou bien la femme paie les intérêts avec son propre argent.
Conséquence positive ou récompense en cas de succès : Félicitations pour sa réussite.
Limite Négociable : « Veux-tu que nous revoyions notre accord et qu'éventuellement nous le renégocions quand nous serons calmés tous les deux ? » Ils décident ensemble des récompenses et des conséquences négatives.
Attitude « Guimauve » : « Dis-moi de combien as-tu besoin. » (Rire).
Attitude Absente : « Je me fiche de ce que tu fais. Occupe-toi de tout l'argent du ménage, comme ça, je n'aurai pas besoin d'y penser. »

Situation : Conseils à un ami dont la femme a un problème avec l'alcool

Attitude Rigide : « On ne peut rien y faire. Les ivrognes sont tous les mêmes. Elle va toucher le fond. »
Attitude Critique : « Pourquoi tolères-tu cette situation ? Elle est bête de boire et toi tu es bien bête de supporter ce problème. »
Limite Non-négociable : « Va voir quelqu'un pour te faire aider. Je ne t'écouterai plus te plaindre tant que tu ne le feras pas. »

Conséquence négative ou sanction si la règle n'est pas respectée : Si son ami se remet à parler de l'alcoolisme de sa femme, il lui rappelle la règle non-négociable et interrompt la conversation, ou bien, il change de sujet.
Conséquence positive ou récompense en cas de succès : Félicitations. La célébration de ce succès est prévue ensemble. Soutien de son ami.
Limite Négociable : « Je veux bien t'épauler pour que tu trouves de l'aide. Comment puis-je le faire ? »
Conséquence négative : Si son ami ne fait rien pour trouver de l'aide, il se replie sur la règle non-négociable proposée plus haut.
Conséquence positive : Félicitations, manifestations de sympathie et soutien de son ami.
Attitude « Guimauve » : « Tu n'as pas de chance. Ce doit être affreux ! Tu peux me parler aussi souvent que tu en as besoin. Ne te gêne pas pour m'appeler à n'importe quelle heure. »
Attitude Absente : « J'ai assez de problèmes comme ça. »

Petit test

Identifiez chaque attitude structurale. Chacune des phrases proposées ci-dessous se réfère à une attitude structurale : « l'Attitude Rigide », « l'Attitude Critique », « les Règles Non-négociables », « les Règles Négociables », « l'Attitude Guimauve » ou « l'Attitude Absente ». Trouvez laquelle. Écrivez votre réponse. Rappelez-vous que le ton de la voix, le langage du corps et le contexte peuvent faire glisser une réponse d'une attitude structurale à une autre. Comparez vos réponses à celles des auteurs...

Une adolescente de 16 ans dit à sa mère qu'un ami de la famille a abusé d'elle

Sa mère lui répond :

1. « C'est vraiment affreux, mais je suis sûre que tu oublieras tout ça très vite. Il est d'une bonne famille alors nous ne le répéterons pas. »

   ____

2. « Qu'est-ce que tu as fait pour le provoquer ? »

   ____

3. « Cela m'est arrivé à moi aussi. »

   ____

4. « Il ne doit plus se livrer à de tels actes ni avec toi ni avec quelqu'un d'autre. Voyons ce que nous pouvons faire, puis nous déciderons de la marche à suivre. » __________________
5. « Il ne doit pas y avoir de scandale autour de notre famille. N'en parle plus jamais. »

   ____

6. « On n'a pas le droit de violenter qui que ce soit. Je vais téléphoner à un organisme de protection de l'enfance. Je veillerai à ta sécurité et nous ferons en sorte que tout cela cesse immédiatement. »

   ____

Réponses : (1) Attitude « Guimauve » ; (2) Attitude Critique ; (3) Attitude Absente ; (4) Règle Négociable ; (5) Attitude Rigide ; (6) Règle Non-négociable.

Selon mon thérapeute ou mon groupe de soutien, certaines de mes attitudes montrent que je tolère quelqu'un qui se drogue dans ma famille. Vais-je essayer de changer mon comportement ?

1. « Je vais relever chaque jour un fait qui témoigne de ma trop grande complaisance envers ce comportement toxicomaniaque et je tâcherai d'y remédier. Je serai responsable de mes actes. Je demanderai à un ami ou à mon thérapeute de me soutenir et de m'encadrer dans cette démarche. Nous fêterons ensemble mon succès. »

   ____

2. « Je ne veux pas bouleverser toute ma famille ni remuer tout cela. » ____________________
3. « Je ne peux pas changer. » ____________________
4. « J'écouterai les observations des autres sur mon comportement et je verrai les changements que je peux y apporter. »

   ____

5. « Je suis trop vieux pour changer. J'espère qu'elle va arrêter de se droguer. » ____________________
6. « J'ai toujours raté tout ce que j'entreprenais. Je ne peux rien réussir. » ____________________

Réponses : (1) Règle Non-négociable ; (2) Attitude « Guimauve » ; (3) Attitude Rigide ; (4) Règle Négociable ; (5) Attitude Absente ; (6) Attitude Critique.

Si vous avez trouvé onze ou douze bonnes réponses, vous êtes très doué(e) pour identifier les différentes positions structurales. Neuf ou dix bonnes réponses, c'est bien.

Si vous avez reconnu sept ou huit attitudes sur les douze, continuez à vous entraîner. Si vous avez six bonnes réponses, ou moins, ne vous découragez pas. Reconnaissez votre importance en relisant les éléments de structure présentés dans ce chapitre autant de fois que vous le jugerez nécessaire. Félicitez-vous pour votre volonté de changer.

Les Règles Négociables Apprenez à penser à vos enfants

Les parents et les enfants proposent des idées, les évaluent et se mettent d'accord sur la règle négociable. Nous évitons parfois de négocier avec les enfants parce que nous croyons que si nous discutons avec eux cela veut dire que nous leur cédons ou que nous sommes faibles. En fait c'est tout le contraire. C'est en effet comme cela que nous leur apprenons à réfléchir. Nous leur montrons notre solidité en acceptant d'écouter leurs besoins, de comprendre leur réalité et de revoir nos propres positions. La négociation pousse les enfants à penser de manière responsable et à s'informer.

Négocier des règlements signifie faire des contrats. Ceux-ci aident les enfants et leurs parents à savoir clairement qui est responsable de quoi. Les écrire permet parfois de préciser les responsabilités de chacun. (Lisez « Utilisons des contrats », appendice A.2)

Les thèmes traités pendant la négociation sont : Quoi ? Comment ? Quand ? Où ? Qui ? Combien ? Combien de temps ? Et puis ensuite ? Pourquoi ? Les parents posent des questions au sujet de la demande de leur enfant parce qu'ils ont besoin d'avoir des informations pour déterminer la limite à ne pas dépasser pour sa sécurité.

Voyez dans l'exemple suivant comment un parent questionne son enfant.

UNE RÈGLE NÉGOCIABLE :

Bill, âgé de dix ans, négocie avec ses parents avant d'accepter des invitations.

LA NÉGOCIATION :

Bill : « Sam m'a invité à aller sur le bord du lac ce week-end. Est-ce que je peux y aller ? » (Où ?)
Un des parents : « Nous ne faisons rien de spécial ce week-end alors parle-moi de ce projet. » (Quoi ?)
Bill : « Il y aura son père, sa mère et deux autres copains. » (Qui ?)
Un des parents : « Quels copains ? Est-ce que je les connais ? » (Qui ?)
Bill : « Tu connais Jœ mais je ne crois pas que tu connaisses Kelly. » (Qui ?)
Un des parents : « Oui, je me souviens de Jœ. Que peux-tu me dire d'autre ? »
Bill : « Nous partirons vendredi après l'école et nous reviendrons dimanche soir. » (Quand ? Combien de temps ?)
Un des parents : « Y a-t-il un numéro de téléphone où on peut te joindre en cas d'urgence ? » (Comment ?)
Bill : « Je vais me renseigner. »
Un des parents : « Est-ce que vous partez tous dans la voiture de M. et Mme Albert et y a-t-il des ceintures de sécurité ? » (Comment ?)
Bill : « Oui. Et puis, j'aurais besoin d'argent pour dîner chez McDonald à l'aller et au retour. » (Combien ?)
Un des parents : « Je vois. Peux-tu demander à Mme Albert à quelle heure ils comptent rentrer dimanche soir ? Le lendemain, il y a l'école. » (Combien de temps ?)
Bill : « Je vais me renseigner ce soir après l'entraînement. » (Quand ?)
Un des parents : « Et les tâches dont tu es responsable à la maison ? »
Bill : « Lilly balaiera à ma place et je ferai le reste jeudi soir. Peut-être pourras-tu m'aider si j'en fais un peu plus la semaine prochaine ? » (Qui ? Quoi ? Quand ?)

Un des parents : « D'accord. Bon, je pense que tu peux y aller. On en reparlera quand tu sauras où on peut te joindre et à quelle heure vous rentrerez. Tâche de savoir ce que vous ferez pour qu'on puisse préparer ta valise. » (Quand ? Quoi ?)

La négociation se termine quand l'adulte et l'enfant sont satisfaits tous les deux ou lorsque l'adulte décide que la situation ne se prête plus à une négociation. Par exemple, dans le cas précédent, si Bill avait dit à ses parents qu'il ne rentrerait pas avant onze heures le dimanche soir, ceux-ci ne lui auraient pas permis de partir en week-end avec ses camarades. Les parents sont responsables de la santé de leur enfant. Ceux de Bill pensent qu'un enfant de dix ans doit être au lit avant onze heures la veille d'un jour de classe. Quand les adultes posent ce genre de limite, ils établissent une règle non-négociable avec des sanctions et des récompenses.

Négocier apprend à penser aux enfants, les encourage à être responsables et leur montre qu'on attend d'eux qu'ils utilisent leur potentiel et leur énergie de façon positive. Au fur et à mesure qu'ils grandissent, les enfants ont de moins en moins de contacts corporels avec leurs parents. Un des moyens dont ils disposent pour entrer en contact avec ceux-ci et pour attirer leur attention, est de les provoquer et de se quereller avec eux. Certains enfants ont besoin de se disputer avec leurs parents pour se rapprocher d'eux. La négociation leur permet d'avoir une base solide pour le faire.

Pendant la négociation, l'enfant apprend à compter sur ses parents. Il fait aussi des expériences importantes : ***Je gagne parfois. Tu gagnes parfois. Nous gagnons tous les deux quelquefois, alors je peux éprouver de la satisfaction quand je gagne. Je peux assumer les déceptions. Je n'ai pas besoin de toujours gagner. Je peux apprendre à coopérer.***

Si l'enfant et ses parents ont tous deux le sentiment d'avoir perdu, il est alors grand temps que les adultes revoient les règles familiales et leur capacité à négocier des contrats clairs. Ils doivent faire appliquer le règlement avec chaleur sans punir et sans critiquer.

Combien de règles négociables ?

À mesure que l'enfant grandit, il est important d'augmenter le nombre de règles négociables et de rendre négociables certaines de celles qui ne l'étaient pas auparavant. Quand vous décidez de le faire, tenez compte bien sûr du niveau de développement de l'enfant et de sa maturité.

Les enfants comme les adultes peuvent entamer des négociations. Voici sept thèmes qui s'y prêtent.

L'argent

Règle familiale : « ***Nous devons tous être correctement habillés. Voici la somme dont nous disposons pour les vêtements dans le budget familial.*** »

Un des parents ouvre la négociation : « Tu as X dollars dans le budget familial pour t'acheter des vêtements pour cet automne. Ce que tu veux est plus cher que cette somme, alors nous allons en discuter. »

L'enfant ouvre la négociation : « Tous mes camarades portent des nouveaux jeans. J'en voudrais aussi. »

Le carnet de notes

Règle familiale : « ***Si tes notes baissent, tu devras passer plus de temps à étudier.*** »

Un des parents ouvre la négociation : « Quinze jours se sont écoulés depuis ton dernier carnet. Est-ce que tu as eu de meilleures notes depuis ? »

L'enfant ouvre la négociation : « J'ai travaillé deux heures tous les soirs depuis le dernier carnet. J'ai maintenant de meilleures notes alors je voudrais travailler un peu moins le soir. »

Accords

Règle familiale : ***Rod, 17 ans, conduit son plus jeune frère Jason à son entraînement.***

Rod ouvre la négociation : « Je vais à une réunion ce week-end. C'est pourquoi j'aimerais ne pas avoir à emmener Jason à son entraînement. Est-ce que quelqu'un pourrait le faire à ma place ? »

Un des parents ouvre la négociation : « Rod, Mme Smith voudrait savoir si tu pourrais emmener en même temps Christopher à son entraînement. Est-ce que tu te sens capable de prendre en main les deux garçons ? »

Les tâches ménagères

Règle familiale : ***Tout le monde aide à la maison.***

Un des parents ouvre la négociation : « Voilà ce qu'il y a à faire ce week-end. Voyons ensemble qui fera quoi et à quel moment. »

L'enfant ouvre la négociation : « J'en ai assez de faire ça. J'aimerais faire quelque chose de plus amusant. »

Aptitudes et savoir-faire

Règle familiale : « ***Jason peut faire de la bicyclette dans un rayon d'un kilomètre autour de la maison et ne doit traverser la grand-route qu'au feu de circulation.*** »

L'enfant ouvre la négociation : « Je sais faire du vélo maintenant et je suis les règles de sécurité. Est-ce que je pourrais aller jusqu'au lac avec mes copains ce week-end ? »

Un des parents ouvre la négociation : « Veux-tu que nous allions faire un petit tour ensemble ce samedi pour voir si tu es prêt pour de plus longs trajets ? »

Niveau de maturité

Règle familiale: «***À mesure que les enfants grandissent, ils apprennent à faire davantage de choses et obtiennent plus de responsabilités et de privilèges.*** »

L'enfant ouvre la négociation : «Je pense que je suis assez grand pour aller acheter le cadeau d'anniversaire de maman tout seul. »

Le père ouvre la négociation : «Si tu te sens capable d'acheter le cadeau d'anniversaire de maman tout seul, tu pourrais t'en occuper aujourd'hui pendant que je vais chez le quincaillier. »

La politesse

Règle familiale: ***Le comportement et la tenue de chacun doivent être adaptés à la situation.*** Un adolescent veut porter sa boucle d'oreille à la réception de sa grand-mère.

Un des parents ouvre la négociation : «Nous allons voir grand-mère. Je sais que tu veux mettre ta boucle d'oreille mais je crains qu'elle et ses amis ne le comprennent pas... »

L'enfant ouvre la négociation : «J'imagine que vous allez me demander de ne pas porter ma boucle d'oreille quand nous irons voir grand-mère. J'aimerais bien pourtant qu'elle s'y habitue. »

Utilisez la page suivante pour faire la liste des règles négociables que vous avez ou que vous souhaiteriez instituer dans votre famille.

L'argent :

Le carnet de notes :

Accords :

Les tâches ménagères :

Aptitudes et savoir-faire :

Niveau de maturité :

La politesse :

Autre :

Autre :

CHAPITRE 2

Utilisons les règles comme des outils permettant de nous structurer

Après avoir décidé de remplacer la Rigidité, la Critique, la « Guimauve » et l'Absence par des Règles Négociables ou Non-négociables, il nous faut nous demander :

- Que sont les règles et pourquoi sont-elles importantes ?
- Que sont les règles non-négociables ?
- Que sont les règles négociables ?
- Comment négocier les règles ?
- Comment les adapter à l'évolution de l'enfant ?
- Comment décider des conséquences impliquées par le respect ou non des règles ?
- Que se passe-t-il si les parents ne sont pas d'accord sur une règle ?
- Comment faire appliquer les règles ?

Que sont les règles et pourquoi sont-elles importantes ?

Une règle est une limite, un cadre avec des normes. Il existe des conséquences si on la respecte ou si on l'enfreint. Les règles sont établies pour que nous soyons tous responsables de nos actes.

Les parents posent des limites solides en faisant et en appliquant des règles adaptées à l'âge de l'enfant et à ses capacités. Quand elles sont faites pour le protéger, l'enfant prend conscience qu'il mérite d'être en sécurité et que ses parents l'aiment. Il apprend aussi qu'il a le droit de réussir, d'en être fier et de mener une vie intéressante en étant attentif à lui-même et aux autres.

Des règles claires et saines aident les enfants à construire leur propre cadre, leur permettant d'obtenir la satisfaction de leurs besoins et de se préserver physiquement et psychologiquement. Certains enfants élaborent des limites solides grâce à leurs parents. Ils évitent les situations dangereuses et n'admettent pas qu'on les envahisse pour profiter d'eux ou pour les utiliser. En revanche, ils sont prêts à accepter des expériences et des relations positives avec les autres.

L'utilisation de règles nous permet de montrer aux enfants où se situent les limites et de leur apprendre à se défendre. Quand les adultes inculquent ces règles à leurs enfants, ils leur transmettent en même temps des informations sur eux-mêmes et sur la vie en général. Mais, pour pouvoir les intégrer, les enfants doivent d'abord comprendre qu'elles sont là pour leur bien. Leurs parents peuvent le leur expliquer.

Les règles non-négociables : des directives et des exigences

Revoyons les différences entre règles négociables et non-négociables avant de parler de la manière de les utiliser. Les règles non-négociables sont des directives, des exigences. Les règles négociables concernent des situations où une négociation est possible.

Les règles non-négociables constituent des limites, des principes auxquels nous tenons. Ce sont des directives, des exigences. Il nous est parfois difficile de les appliquer parce que nous n'aimons pas les considérer ainsi. C'est pourquoi nous disons à nos enfants ce que nous ressentons au lieu de leur dire ce qu'ils doivent faire. (Lisez l'appendice A.1 intitulée « Comment leur demander de changer ? ». Vous y trouverez onze moyens pour demander à vos enfants de changer leur comportement. Six d'entre eux constituent des directives ou des exigences. Les cinq autres proposent un soutien, un encouragement ou un défi.)

Vous croyez peut-être que des adultes sympathiques ne donnent pas d'ordre et n'exigent pas des autres un comportement correct ? Vous faites semblant d'avoir conclu un contrat avec certaines personnes pour excuser leurs attitudes ? Mais faire un contrat, c'est passer un accord avec une ou plusieurs personnes. Il s'agit d'un acte volontaire. C'est ce que nous faisons quand nous négocions avec nos enfants. Dans la vie, il y a des choses que l'on doit faire. Certaines sont voulues, d'autres ne le sont pas. Si je demande à quelqu'un de sortir la poubelle, c'est un ordre, une directive. J'ai pris une décision unilatérale, je n'ai pas cherché de volontaire ni négocié de contrat.

Les directives sont importantes dans l'éducation. Un enfant de trois ans est rassuré quand on lui dit : « Ne joue pas dans la rue, joue plutôt dans le jardin. » Quand ces directives sont adaptées à l'âge de la personne qui les reçoit, enfant ou adulte, même s'il lui arrive de se fâcher sur le moment, elle sent bien qu'elles lui sont données pour sa sécurité. « Sois rentré à dix heures. Demain tu vas à l'école » est une bonne limite pour un adolescent de quatorze ans. Si vous dites à une adulte : « Ne conduis pas après avoir bu » vous lui montrez que vous tenez à elle et que vous exigez d'elle qu'elle agisse de manière responsable. Et même lorsque vous dites à vos enfants « Sortez la poubelle » vous leur prouvez que vous savez quand et comment endosser des responsabilités.

Des règles non-négociables appropriées à l'âge de l'enfant le protègent et lui montrent qu'il est une personne capable et importante au sein de la famille. Même lorsque les enfants se fâchent parce que les règles sont contraignantes, n'oublions pas qu'ils se mettent aussi parfois en colère pour voir jusqu'où ils peuvent aller, pour tester la détermination de leurs parents et pour entrer en contact avec eux. Pour communiquer avec leur enfant en y prenant mutuellement du plaisir, des adultes peuvent aussi se disputer avec lui en jouant et en étant créatif. (Lisez à ce sujet « Des querelles créatives », appendice A.3).

Si les directives respectent l'enfant, si elles sont utilisées de manière souple, elles lui montrent qu'il est important pour lui d'être en bonne santé, de participer à la vie sociale et de respecter les lois.

Chaque famille doit décider quelles sont les règles négociables et quelles sont celles qui ne le sont pas. C'est tout l'art d'être parent que de savoir quand on peut rendre négociable une règle qui ne l'était pas auparavant.

Voici quelques secteurs de la vie familiale où une règle négociable peut être utile. Chaque rubrique est accompagnée d'un exemple.

La santé : « Tu resteras au lit tant que tu auras de la fièvre. »

La sécurité : « Tu ne peux pas conduire si tu as bu. »

La légalité : « Tu n'as pas le droit de conduire sans permis. »

Les principes : « Je ne mentirai pas à ton patron pour te rendre service. »

La religion : « Tu iras à la messe avec toute la famille jusqu'à quatorze ans. »

Les traditions familiales : « Nous irons tous chez grand-mère à Noël et à son anniversaire jusqu'à ce qu'elle ne puisse plus nous recevoir. »

Les goûts des parents : « Tu ne peux pas mettre ta musique trop fort quand je suis là. »

Les habitudes du quartier : « Nous habitons un endroit tranquille. Tu peux organiser une à deux soirées par an pour célébrer un événement important et mettre de la musique jusqu'à minuit, si tu préviens les voisins quelques jours avant. »

Certains de ces exemples peuvent ne pas vous convenir. Rappelez-vous que les règles non-négociables diffèrent d'une famille à l'autre. Chacune a sa propre façon de vivre. C'est pour les enfants l'occasion de s'apercevoir que la leur est unique.

Utilisez ces repères pour faire la liste des règles non-négociables que vous avez déjà ou que vous souhaiteriez établir dans votre famille. Vous pouvez rajouter des rubriques.

La santé :

La sécurité :

La légalité :

Les principes :

La religion :

Les traditions familiales :

Les goûts des parents :

Les habitudes du quartier :

Autre :

Autre :

Les parents doivent décider quelles règles seront négociables et quelles règles seront non-négociables. Il faut pour cela qu'ils sachent avec clarté et précision quelles sont leurs valeurs de référence. Il faut aussi qu'ils sachent reconnaître les situations périlleuses. Certains d'entre nous ne sont pas capables d'évaluer les dangers parce qu'on ne le leur a pas enseigné, enfant. Ils peuvent l'apprendre aujourd'hui auprès de personnes qui, elles, savent se protéger. Si c'est votre cas, faites-le. Votre sécurité et celle de vos enfants sont capitales. Vous ne devez pas les négliger.

Pour plus de clarté, inscrivez l'ensemble des règles de la famille sur une grande feuille de papier que vous accrocherez au mur. (Lisez « Le tableau des règles familiales », appendice A.4).

Comment adapter les règles à l'évolution de l'enfant ?

Lorsqu'un enfant a suivi une règle pendant un certain temps, il arrive qu'il se mette soudain à ne plus l'observer. Tant qu'il reconnaît qu'une règle a lieu d'exister, l'enfant s'y plie. Cependant, dès qu'il a le sentiment qu'elle est trop restrictive ou qu'elle ne tient pas compte de ses possibilités actuelles, il commence à l'enfreindre ou à l'oublier. Peut-être en effet n'est-elle plus adaptée à la situation. (À moins que l'enfant, par cette attitude, n'essaie de vous signaler une détresse cachée.)

Si votre enfant transgresse plusieurs fois la même règle non-négociable ou le même contrat, dites-lui : « Il faut que nous discutions au sujet de ce qui se passe en ce moment. Nous tiendrons compte d'informations dont nous ne disposions pas quand nous avons établi cette règle. Et si on en reparlait demain ? » Rappelez-vous que l'on adapte et que l'on négocie mieux une règle quand on est calme... plutôt que dans le feu de la colère.

Si la sécurité de votre enfant est en jeu, manifestez l'importance que vous attachez à cette règle et renforcez l'application de ses conséquences. Vous serez peut-être amené à décider qu'une règle que vous aviez négociée avec lui, le responsabilisant davantage, doit être rediscutée ou rendue non-négociable pendant un certain temps parce qu'il n'a pas su respecter le contrat.

Pour déterminer quelles règles peuvent être négociées avec l'enfant, le mieux est de savoir ce qu'il est capable d'accomplir et ce que l'on peut attendre de quelqu'un de son âge. (Cf. le septième chapitre.)

L'importance des conséquences

Les sanctions et les récompenses sont importantes pour l'enfant car elles lui permettent de développer son estime de soi et d'élaborer sa structure. Une récompense que l'enfant considère comme bien méritée contribue à renforcer son amour-propre. Quand une sanction lui est infligée sans rancune ni critiques, l'enfant peut décider de réagir de différentes façons : penser qu'il est mauvais ou, au contraire, avoir le sentiment qu'il est plus solide parce que son erreur lui a enseigné quelque chose et qu'il a pu reconnaître ses torts. L'enfant voit que ses parents réagissent de manière prévisible car ils appliquent la règle jusqu'au bout. Il sait ainsi qu'il peut compter sur eux, qu'ils sont égaux à eux-mêmes.

Certains parents n'appliquent pas les conséquences prévues ce qui produira des effets différents selon les enfants : quelques-uns apprendront à n'observer les règles que s'ils craignent les adultes ; d'autres se diront qu'elles n'ont aucune importance car elles ne sont jamais mises en pratique. Enfin, si les adultes oublient de féliciter un enfant alors qu'il s'est plié à la règle, celui-ci finira par la transgresser pour attirer leur attention. Si les parents ne suivent pas eux-mêmes le règlement, leurs enfants croiront alors que seuls les jeunes sont tenus d'être responsables de leurs actes.

Si vous éprouvez le besoin de réfléchir aux conséquences que vous avez instituées, relisez « Conséquences naturelles et conséquences logiques », page 42.

Que se passe-t-il si les parents ne sont pas d'accord au sujet d'une règle ?

Si les parents n'arrivent pas à s'entendre au sujet d'une règle sans grande importance, ils peuvent décider de conserver chacun la leur. Les enfants verront ainsi qu'il est possible d'envisager les choses de différentes façons. En voici un exemple : Quand les enfants manquent le bus le matin, leur père les conduit à l'école car il considère qu'il faut arriver en classe à l'heure. En revanche, s'ils se trouvent avec leur mère, celle-ci les laisse aller à l'école à pied parce qu'elle estime qu'ils doivent apprendre à être responsables.

Si les parents ne sont pas d'accord au sujet d'une règle fondamentale, il faudra qu'ils trouvent un arrangement même s'ils doivent pour cela discuter fermement. John Bradshaw, dans son livre « La Famille »[2], propose dix règles à observer lors des débats...

Vous pouvez rallonger la liste. En voici un résumé :

1. Soyez ferme plutôt qu'agressif.
2. Parlez au présent.
3. Évitez de faire un exposé. Attachez-vous à des faits concrets.
4. Dites « Je ». Évitez les jugements.
5. Soyez honnête.
6. Ne discutez pas sur des détails.
7. Ne critiquez pas.
8. Écoutez attentivement.
9. Débattez d'une chose à la fois.
10. Cherchez une solution et n'essayez pas d'avoir raison à tout prix. Accrochez-vous sauf si on vous agresse.

Comment faire respecter les règles ?

Rappelez-vous que les règles, négociées ou non ne sont respectées que si elles sont appliquées. Alors faites-le : récompensez vos enfants quand ils s'y plient et sanctionnez-les lorsqu'ils les enfreignent.

En fait, tous les comportements entraînent des conséquences, positives ou négatives. Si nous oublions de féliciter un enfant alors qu'il a observé la règle, nous ne l'encourageons pas à construire sa propre structure. Parfois certains parents punissent leur enfant injustement et sans le vouloir en lui confiant par exemple une nouvelle tâche alors qu'il vient d'en terminer une autre. Si cette tâche ne fait pas partie de leur contrat, ils enseignent ainsi par inadvertance à leur enfant qu'il ne faut pas achever son travail si on ne veut pas en recevoir davantage.

Félicitez vos enfants quand ils le méritent et apprenez-leur à en faire de même avec vous.

Sanctionnez leur comportement si nécessaire. Les enfants ont besoin que les règles non-négociables soient appliquées fermement. Il faut qu'ils puissent prévoir clairement ce qui leur arrivera s'ils ne font pas ce qui leur est demandé. Cette fermeté et cette clarté offrent aux enfants les « cubes » avec lesquels ils édifieront leur structure. Ils n'apprécieront pas toujours que les conséquences négatives de leurs actes soient mises en pratique. Ce n'est pas grave ! Faites-le tout de même ! En voici un exemple :

Heather est privée de sortie pour la soirée. Sa mère s'approche d'elle et lui dit avec douceur : « Je suis désolée de t'obliger à rester à la maison ce soir... Tu sais bien que c'est mon devoir en tant que parent de... »

« De faire en sorte que je te déteste ? » dit Heather en l'interrompant.

« Non. Nous devons établir des règles et les appliquer. » répond sa mère sur un ton tranquille.

Il est important que les parents instaurent des sanctions qui déplaisent aux enfants... et qu'ils soient disposés à les mettre à exécution. Combien de parents ont, par exemple, accompagné leur enfant dans tous ses déplacements pendant un long moment pour s'apercevoir un peu tard qu'ils ne supportaient pas de le faire ? Combien sont-ils ceux qui ont menacé leur enfant de sanctions qu'ils ont finalement été obligés d'appliquer à contrecœur ?

Que faire quand votre enfant vous pousse à bout délibérément ? Respirez à fond et rappelez-vous que vous l'aimez malgré tout... Posez-vous ensemble calmement la question : « De quoi ai-je besoin ? De quoi as-tu besoin ? » Vous verrez ensuite que la discussion s'apaisera et que vous pourrez entamer des négociations.

Quand les adultes dépassent un certain degré de colère, il faut qu'ils l'évacuent pour être ensuite à même de faire respecter le règlement. Pour cela, certains comptent jusqu'à dix, d'autres se contiennent en se disant qu'ils hurleront plus tard, une fois seuls dans leur voiture. De nombreux parents éprouvent le besoin de se décharger physiquement, alors ils tapent dans un coussin pour ne pas frapper leur enfant. Utilisez « une boîte à colère » : c'est un bon moyen pour se calmer et pour commencer à trouver une solution au problème. (Lisez « La boîte à colère », appendice A.5).

Une fois calmés, les parents pourront réfléchir à leur structure pour voir si elle doit être rénovée. Rappelez-vous qu'une ***punition*** est un traitement dur ou sans rapport avec le comportement de l'enfant. C'est ainsi que nous réagissons quand nous nous sentons impuissants ou lorsque nous n'avons pas appliqué des conséquences efficaces. C'est le signe que nous devons établir de nouvelles règles.

Les parents attentifs à eux-mêmes pourront construire un réseau de relations pour s'entraider. Ce peut-être un groupe d'amis, de « Parents Anonymes », des voisins... Tous les parents du monde ont besoin d'être soutenus, en particulier quand ils doivent faire respecter les règles.

Comment protéger les enfants des adultes ?

Il faut parfois que les parents protègent leurs enfants en offrant un cadre structurant à d'autres adultes. C'est ce que nous faisons quand, par exemple, nous renvoyons une gardienne peu scrupuleuse ou lorsque nous tenons nos enfants à l'écart d'adultes trop sévères. Dans les pages qui suivent, nous vous proposons quatre thèmes qui traitent de problèmes difficiles à gérer par les parents : un adulte de la famille tourne un enfant en ridicule ; un enfant prend ses parents en charge ; la rigidité religieuse ; l'inceste.

Lisez chacun d'entre eux. Imaginez quels pourraient être les effets de chaque attitude, sur les enfants et sur les adultes. Rappelez-vous que lorsque nous offrons une structure à nos enfants nous contribuons aussi à édifier la nôtre.

PREMIER THÈME :

Une mère entend son mari dire à leur enfant de trois ans : « Tu as les oreilles décollées. Tu ressembles à Jumbo l'éléphant. »

Elle lui répond :

Attitude Rigide : « Si tu répètes cela encore une fois, nous partons. »

Attitude Critique : « Il faut toujours que tu critiques tout ! L'éléphant, c'est toi ! »

Règles Non-négociables : « Le ridicule blesse. Arrête de te moquer de notre fils ou je prendrai des dispositions pour que cela cesse. »

Règles Négociables : « Tu ne peux pas parler à notre fils comme ça. Est-ce que je peux t'aider à réfréner tes moqueries et à t'affirmer ? »

Attitude « Guimauve » : « Henry, tu ne peux pas t'empêcher de te moquer, hein ? »
Attitude Absente : Elle ne dit rien ni à son mari ni à leur fils.

DEUXIÈME THÈME :

Une femme surprend son mari en train de se livrer à des attouchements sexuels avec leur fille.

Attitude Rigide : « Tu ne la reverras plus jamais ! »
Attitude Critique : « Espèce de pervers ! Tu ne fais que des choses dégoûtantes. »
Règles Non-négociables : « Soit tu pars immédiatement, soit c'est moi qui te quitte avec les enfants. Tu ne pourras pas les revoir tant que des spécialistes n'auront pas donné leur accord. »
Règles Négociables : Il n'y a rien de négociable : on n'a pas le droit de se livrer à des attouchements sexuels avec un enfant.
Attitude « Guimauve » : « Chéri, quand tu fais cela, ça m'angoisse. »
Attitude Absente : Elle fait comme si elle n'avait rien vu.

TROISIÈME THÈME :

Une mère déprimée menace de se suicider.

Son mari dit à leur fils :
Attitude Rigide : « Ce que tu veux n'a aucune importance ! Tu dois d'abord t'occuper de ta mère. »
Attitude Critique : « Qu'est-ce que tu as encore fait pour qu'elle soit si mal ? Ne fais rien qui puisse l'inquiéter. »

Règles Non-négociables : « Ce n'est pas à toi de protéger ta mère. Je veillerai à ce qu'elle trouve l'aide dont elle a besoin. » Le père contacte un thérapeute pour sa femme et prend soin de son fils et de lui-même.
Règles Négociables : La mère et l'enfant doivent être aidés et ce n'est pas négociable.
Attitude « Guimauve » : « Excuse-moi de te demander de t'occuper de ta mère au lieu d'aller jouer avec tes copains. Tu sais, si on la dorlote bien, elle se remettra vite. »
Attitude Absente : Le père se jette dans le travail ou... dans les bras d'une autre femme. Il ignore l'enfant.

QUATRIÈME THÈME :

L'Église à laquelle vous appartenez possède une réponse toute prête pour chaque situation. Elle considère que les enfants doivent être élevés à la baguette et qu'ils doivent craindre les adultes.

Voici vos réactions :
Attitude Rigide : « Je suivrai les préceptes de ma religion même si je dois maltraiter mes enfants. »
Attitude Critique : « Si je n'applique pas la règle, je suis méprisable. »
Règles Non-négociables : « Battre les enfants et leur faire peur les rend craintifs au lieu de les aider à devenir solides. J'apprendrai à leur donner une structure sans les malmener pour autant. »
Règles Négociables : « J'étudierai comment établir des règles et négocier avec mes enfants. »
Attitude « Guimauve » : « Je n'aime pas l'idée de punir les enfants mais le prêtre a sûrement raison. »

Attitude Absente : « Je suis l'enseignement de mon Église. Pas la peine de tenir compte des sentiments et des besoins de mes enfants. »

L'histoire de Martin

Martin a été brutalisé lorsqu'il était enfant. À la maison, ce n'était que critiques et tolérance. Les règles changeaient d'un jour à l'autre. Martin était puni durement quand il les enfreignait. Il apprit ainsi à ne pas se faire remarquer. Une fois adulte, il décida d'adopter une autre ligne de conduite avec ses propres enfants. Il céda à tous leurs caprices pour leur faire plaisir. Pour eux, il se sacrifia et n'établit aucune règle parce qu'il craignait de perdre leur amour. Cette attitude « guimauve » fit de lui un martyr. En ne leur donnant pas de règles structurantes, Martin reproduisit avec ses enfants le même schéma parental qu'il avait connu. Il les laissa sans la protection et la liberté qu'apportent des règles fermes et cohérentes.

Quand ils commencèrent à avoir des problèmes en classe, Martin décida de changer. Il ne supportait plus de se sentir faible face à ses enfants. Il appela à l'aide son groupe de soutien parental. Ensemble, ils établirent de nouvelles règles qui lui permettraient de prendre soin de ses enfants et de lui-même. Martin recommença à « grandir » avec ses enfants. Il se répétait chaque matin : « ***Je suis important. Je mérite d'être aimé et considéré. Je peux apprendre à devenir fort, à respecter et à aimer mes enfants.*** » Il finit par en être convaincu. Sachant qu'il trouverait toujours de l'aide, Martin admit que c'était à lui en tant que parent d'instaurer des règles. Il reconnut aussi qu'il devait cesser de céder au bon plaisir de ses enfants chaque fois qu'ils n'étaient pas d'accord avec lui.

Voici douze éléments structurants étudiés par Martin et son groupe :

1. Tous les comportements ont des conséquences, positives ou négatives.
2. Pour être efficaces, les récompenses et les sanctions doivent être en rapport avec les actes commis. En cas d'infraction, c'est aux parents de décider quelles sont les conséquences appropriées : conséquences logiques ou conséquences naturelles.
3. Les enfants doivent pouvoir prévoir ce qui leur arrivera s'ils enfreignent une règle. Ils savent souvent très bien participer aux choix de ces conséquences.
4. Instaurer, négocier et appliquer les règles est pour les parents un acte d'amour et un travail ! La réaction des enfants, qu'il s'agisse de gratitude, de colère ou de menaces, appartient aux enfants. Elle ne dépend que d'eux-mêmes. Les adultes peuvent jouer à se quereller avec eux tout en veillant à leur donner une structure. (Lisez « Des querelles créatives », appendice A.3).
5. La discipline apprend aux enfants à s'occuper d'eux-mêmes et des autres. Elle est fondée sur l'estime de soi. La peur, la honte et le ridicule n'apportent rien. Certains adultes utilisent cependant ces méthodes pour exercer une autorité sur leurs enfants. Ils constatent qu'elles sont efficaces car les enfants se mettent à genoux. Mais les parents n'imaginent pas combien il est ensuite difficile pour leurs enfants de se relever.

6. Les adultes ont recours à la punition quand ils sont fatigués, irrités ou lorsqu'ils ont peur. C'est dommageable pour les enfants. Le fait que les parents l'utilisent indique qu'ils ont besoin d'établir de nouvelles règles pour prendre soin d'eux-mêmes et de leur famille. Les sanctions ne sont utiles que lorsqu'elles permettent à l'enfant de mieux se développer.
7. Moins il y a de règles, mieux c'est. Au début, Martin en a établi trente-sept, puis il est descendu à vingt puis à six.
8. Écrivez les règles sur une grande feuille que vous afficherez. (Lisez « Le tableau des règles familiales », appendice A.4).
9. Il est important de vous faire aider quand vous avez essayé, sans succès, tous les moyens à votre disposition. (Lisez « Comment trouver un groupe de soutien ou un thérapeute », appendice B.3).
10. Il est normal de faire des erreurs et de tenter d'y remédier jusqu'à ce que vous y parveniez.
11. C'est bien de présenter des excuses et de dire : « Je suis désolé(e) d'avoir fait cela. Je ne le referai pas. »
12. Il est important pour vous d'être en accord avec vous-même.

Écoutez à présent ce que nous dit Martin :

« Nat a maintenant le droit d'utiliser la voiture pour de petits trajets. Je paie l'essence mais il doit toujours laisser le réservoir au moins rempli au quart. S'il ne le fait pas, il devra payer un plein et n'aura le droit de se servir du véhicule qu'après s'être acquitté de sa dette. C'est une règle non-négociable. En revanche, nous négocions ensemble les moments où il peut l'utiliser, durant combien de temps, avec qui, pour aller où... »

Martin a été aidé. Il s'est appuyé sur des personnes qui étaient elles-mêmes bien structurées. Il a appris comment donner à son fils un cadre solide grâce à des règles positives. À mesure qu'il progressait, il s'est aperçu qu'il lui était désormais plus facile de se constituer des limites stables pour lui-même.

Peut-être que vos parents, comme ceux de Martin ont employé avec vous les « techniques » décrites plus haut, ces techniques qui vous enfoncent au lieu de vous aider. Si c'est le cas, c'est à vous maintenant de vous battre pour ne pas reproduire avec vos enfants ce que vous avez vous-même subi.

Structurer avec amour

L'enfant accepte les limites et la structure qu'on lui offre quand il se sent aimé. Une structure donnée sans nourriture affective, sans amour est insuffisante. Il a besoin de recevoir davantage. Il lui manque cette autre partie si importante pour son développement : les soins, l'attention. C'est ce que nous découvrirons ensemble dans le prochain chapitre.

DEUXIÈME PARTIE

LES SOINS, LES ATTENTIONS

La nourriture affective

« Aimer quelqu'un, c'est le soutenir quand il prend son envol. »

O.R. Orage

CHAPITRE 3

Les soins, les attentions

Des actes d'amour inconditionnel

Dans la première partie, nous avons vu ce qu'était une structure. Nous allons nous intéresser ici aux soins et aux attentions, l'autre aspect de ce dont l'enfant a besoin pour se développer et pour s'occuper de lui-même. La structure a à voir avec ***nos actes***. Elle joue en quelque sorte le rôle d'ossature et de peau. Les soins et les attentions ont trait à ce que ***nous sommes***. C'est un peu comme la chair qui nous constitue. Elle est protégée par la peau et permet à nos os de se mouvoir librement.

Dans ce chapitre, nous parlerons :

- De la nourriture affective[°] : Qu'est-ce ? Pourquoi est-elle importante ?
- Du soin et du soutien : deux expressions de l'amour inconditionnel.
- Du tableau des attitudes adoptées par les parents quand ils prodiguent des attentions à leurs enfants.
- De quelques différences entre soin et soutien.
- De vos nouveaux talents de parents !

° *N.d.T.* Nous parlerons de soins et d'attentions ou de nourriture affective.

- De la façon d'aider vos enfants à accepter l'amour que vous leur offrez.

La nourriture affective englobe tous les moyens par lesquels nous témoignons de l'amour aux autres et à nous-même. Elle est fondamentale car elle nous permet de nous développer, de ressentir joie et confiance en nous et de réussir. Nous la recueillons goutte après goutte. Elle est à la base de notre estime de nous-même. Toute cette affection que nous recevons nous aide à écouter, à croire les messages structurants et à les solliciter. Elle nous permet d'entendre les conseils que l'on nous offre non pas comme des critiques mais plutôt comme quelque chose de positif pour nous. Les soins, les attentions nous encouragent à nous épanouir et à progresser.

Les enfants ont besoin d'être caressés, choyés et pris en considération. Les soins et les attentions qu'ils reçoivent assouvissent cette soif de contact et augmentent leur appétit de vivre. Ceux qui n'obtiennent pas suffisamment de cette nourriture affective ne se développent pas bien et peuvent même se laisser mourir.

L'attention que l'on porte à un enfant, le contact que l'on établit avec lui, l'aident à vivre. Bien évidemment, tout dépend du type de contact. Certains sont malsains. Les enfants battus ou violés reçoivent une forme d'attention et de contact même si celle-ci est perverse. Ils parviennent généralement à grandir tant bien que mal. En l'absence de caresses, ils se contentent du contact rude qui leur est infligé. Ils survivent sans plaisir, sans espoir et sans confiance.

Ceux qui ont été nourris d'amour inconditionnel l'offrent tout naturellement à leurs enfants. Les autres, bien que déterminés à donner aux leurs ce qu'ils n'ont pas reçu, ne savent pas comment faire. L'apprendre demande de la persévérance et du temps. Ce n'est pas toujours non plus très agréable. Cet effort procure toutefois de grandes joies, lorsque nous voyons nos enfants se développer harmonieusement ou quand nous parvenons à mieux prendre soin de nous-même et à avoir davantage confiance en nous.

Le soin et le soutien : deux expressions d'amour inconditionnel

Parlons d'amour ! Utilisons ce chapitre pour apprendre à témoigner de l'affection à nos enfants et pour étudier la manière dont nos parents se sont occupés de nous. Nous tenterons de répondre à deux questions : premièrement de quelle manière peut-on prodiguer des soins affectueux à ses enfants et par la même occasion, de quelle manière peut-on les en priver ? Deuxièmement, comment des adultes négligés dans leur enfance peuvent-ils panser leurs plaies et guérir ? Il est possible que le petit enfant qui sommeille en chacun de nous ait encore besoin d'être aidé et soutenu.

On peut prodiguer des soins affectueux à ses enfants de deux façons : par l'***Autorité Attentive***, l'adulte est attentif aux besoins et aux demandes de l'enfant. Il les prend en compte pour déterminer ce qu'il faut à l'enfant, toujours avec tendresse et amour. Par le ***Soutien Attentif***, l'adulte lui offre son aide au moment approprié. L'enfant est libre de l'accepter ou de la rejeter.

C'est dans l'amour inconditionnel que l'Autorité Attentive et le Soutien Attentif puisent leur force. Voici comment on peut l'exprimer :

- « Je t'aime et je prends soin de toi parce que tu es là. »
- « Je t'aime parce que tu es toi. »
- « Tu mérites d'être aimé(e), sans condition. »
- « J'aime ce que tu es. »
- « J'aime m'occuper de toi. »
- « Je t'aime. »
- « Je suis vraiment content(e) de te connaître. »

- « Je suis content(e) que tu sois mon fils/ma fille. »

L'amour inconditionnel ne se mesure pas. Il est offert à l'enfant aussi souvent et autant qu'il en a besoin. Ceux qui reçoivent cet amour s'épanouissent, vivent pleinement et traversent calmement les différentes étapes de leur développement. C'est sans doute le plus beau cadeau que des parents puissent donner.

Comment reconnaître les attitudes parentales, positives et négatives

Nous proposons aux pages 98 à 103 des tableaux où sont représentées les différentes attitudes, positives ou négatives, adoptées par les parents quand ils prodiguent soins et attentions à leurs enfants. Au centre, l'Autorité Attentive et le Soutien Attentif permettent à l'enfant de bien se développer. Les attitudes dommageables pour lui sont : la Brutalité, les Menaces, l'Indulgence et la Négligence. Ces six positions ou attitudes vont de la plus dure à la plus laxiste : l'Attitude Brutale, l'Attitude Menaçante, l'Autorité Attentive, le Soutien Attentif, l'Attitude Indulgente, l'Attitude Négligente. La Brutalité, à l'une des extrémités, est un moyen d'entrer en contact particulièrement rude. La Négligence, à l'autre extrémité, est le manque ou l'absence de contact avec l'enfant.

Avant de consulter ces tableaux, rappelez-vous ceci :

- Commencez à vous familiariser avec chaque attitude avant d'évaluer ce que vous offrez à vos enfants. Vous avez sûrement recours à différentes positions, tout comme les autres adultes qui s'occupent d'eux. Vos enfants sont ainsi confrontés à toute la gamme des attitudes possibles.

- Chaque tableau représente un comportement particulier de la part des parents et la réponse de l'enfant à cette attitude spécifique. Chaque enfant réagit d'une manière qui lui est propre. Sa réaction peut donc ne pas tout à fait correspondre aux exemples proposés dans ce tableau.
- Lisez ces tableaux verticalement pour bien cerner chaque attitude, et horizontalement, pour comparer les réponses aux différentes attitudes.

La Brutalité fait subir à l'enfant le maximum de contact. La Négligence est, au contraire l'absence de contact avec lui. Bien qu'elles paraissent diamétralement opposées, ces deux attitudes sont en fait assez semblables. La ***Brutalité*** est l'invasion douloureuse de l'espace personnel de l'enfant. Elle comprend les humiliations, les châtiments corporels, les menaces de coups, les abus sexuels, les sous-entendus douteux, les moqueries, les claques quand l'enfant se plaint d'avoir mal... L'enfant incorpore là des « gouttes de contact » bien amères. Certaines formes de mauvais traitements constituent des gouttes uniques, isolées. L'enfant battu, kidnappé ou victime d'inceste incorpore, même si cela ne lui arrive qu'une fois dans sa vie, un énorme glaçon constitué de milliers de ces gouttes amères. Ce genre d'expérience provoque des prises de décisions qui ont à long terme des effets dramatiques sur le développement de la personnalité. Seule alternative : que la personne revoie ses résolutions avec l'aide d'un thérapeute.

La ***Négligence*** ignore l'enfant et son besoin de contact. Les parents négligents ne tiennent pas compte de la douleur de l'enfant quand il souffre. Ils sont trop occupés ailleurs, absents physiquement ou psychiquement. Comme pour la Brutalité, ce type d'expérience, même si elle ne se produit qu'une seule fois, peut entraîner l'incorporation par l'enfant d'une seule goutte amère ou d'un glaçon énorme.

La Brutalité et la Négligence ne reconnaissent pas les demandes de l'enfant et perturbent totalement son développement. Une fois adultes, ces personnes deviennent soit négligentes, soit brutales à moins qu'elles ne renoncent à une partie d'elles-mêmes. Alice Miller décrit ce processus en détail dans ses ouvrages intitulés «***Le drame de l'enfant doué. À la recherche du vrai Soi***» et «***L'enfant sous terreur : l'ignorance de l'adulte et son prix***»[1].

Les ***Menaces*** ou l'***Indulgence*** sont moins dures que les attitudes que nous venons de décrire. Elles nient cependant également les besoins de l'enfant. Les parents qui ont recours aux ***Menaces*** font un chantage : « Je ne m'occuperai de toi que si... » Ils disent à l'enfant que l'on ***est ce que l'on fait*** et exigent de lui qu'il renonce à sa soif d'amour inconditionnel. Le développement de l'enfant est ainsi entravé parce qu'il s'épuise à essayer de se prouver qu'il est valable et parce qu'il ne se permet pas le droit à l'erreur. Il n'est jamais satisfait de lui-même et développe un sentiment de culpabilité.

Les parents indulgents noient l'enfant sous un déluge d'attentions et d'objets dont il n'a pas besoin et qu'il n'a pas demandés. Ils confondent ses désirs et les leurs, ils exigent qu'il apprécie ce qui leur plaît à eux, même si ce n'est pas de son âge[2]. Ils anticipent sur ses désirs et ses besoins. Il est nourri avant de manifester sa faim. On le traite comme un jouet. On ne lui permet pas de se prendre en charge, de déterminer lui-même ses besoins et d'apprendre à les gérer.

Sans l'opportunité de lutter, sa capacité de développement est freinée. L'***Indulgence*** peut être appréciée par l'enfant mais lorsqu'il entrera en contact avec un monde qui exige une certaine compétence, il risque de passer rapidement de la satisfaction à la confusion puis au ressentiment et enfin à la culpabilisation.

L'***Autorité Attentive*** et le ***Soutien Attentif*** sont deux attitudes positives. En les adoptant, on donne à l'enfant des soins et des attentions adaptées à sa maturité et à son âge. Par l'***Autorité Attentive***, les parents répondent directement aux besoins de l'enfant. Ils agissent pour son bien et de leur propre fait. Par le ***Soutien Attentif***, ils manifestent leur présence affectueuse et montrent qu'ils sont prêts à aider si nécessaire.

Tableaux de la nourriture affective

Attitudes adoptées par les parents quand ils prodiguent soins et attentions à leurs enfants et réactions de ceux-ci.

Comment les enfants obtiennent-ils de l'amour et de l'attention ? L'Autorité Attentive et le Soutien Attentif permettent à l'enfant d'être heureux et de développer confiance et estime de soi. La Brutalité, les Menaces, l'Indulgence et la Négligence entraînent, elles, tristesse, solitude et désespoir. (Voir les pages 98 à 103.)

L'Attitude Brutale

Situation : Un enfant s'est écorché le bras.

Ses caractéristiques :

L'adulte brutal entre en contact avec l'enfant en l'envahissant physiquement ou psychiquement, en lui envoyant des messages du genre : « Tu n'es rien ! » La Brutalité nie les besoins de l'enfant.

Exemple :

L'adulte se moque des blessures de l'enfant. Il lui dit : « Arrête de renifler comme ça ou je vais t'en donner, moi, des raisons de pleurer ! » Il crie et secoue l'enfant.

Les enfant peuvent entendre les messages sous-jacents suivants :

Tu ne comptes pas. Personne ne t'aime. Tu ne mérites pas d'exister. Tu dois souffrir pour obtenir ce dont tu as besoin.

Réactions courantes des enfants :

Douleur au bras et cœur gros. Peur, colère, désespoir, honte, repli sur soi et solitude.

Prises de position possibles des enfants :

Je n'ai aucun pouvoir. Je ne mérite pas de vivre, ou, je vivrai malgré eux. Tout est de ma faute ou tout est leur faute. Je serai gentil ou je serai méchant. Les grands sont toujours brutaux ou je vais malmener des plus petits que moi ou je ne serai jamais violent. Je n'aurai aucun sentiment et aucun besoin. L'amour n'existe pas. Je suis seul. Je ne fais confiance à personne. Je critique les autres, les frappe ou les laisse tomber avant qu'ils ne le fassent.

L'Attitude Menaçante

Les parents ont recours à un chantage permanent dans leurs rapports avec l'enfant. Ils s'occupent de lui en fonction de leurs propres besoins et non en fonction des siens.

L'adulte dit à l'enfant : « Arrête de pleurer ou je ne te soignerai pas. »

Je suis important, pas toi. Tes besoins et tes sentiments ne comptent pas. Si tu veux que je m'occupe de toi, tu dois le mériter. Ne crois pas que tu es aimable. L'amour, ça se gagne !

Douleur au bras et cœur gros. Peur, colère, angoisse, honte, sentiment d'imperfection et de défiance envers ses propres perceptions.

Je suis ce que je fais. Je dois me donner de la peine pour leur plaire. Les grandes personnes obtiennent ce qu'elles désirent. Je dois être parfait. Je ne mérite pas d'être aimé. L'amour est rare et cher. Je n'ai confiance en personne. Je garde mes distances, je m'enfuis ou je blâme les autres.

L'Autorité Attentive

Situation : Un enfant s'est écorché le bras.

Ses caractéristiques :

L'Autorité Attentive est un témoignage d'amour. Elle se manifeste dès que l'enfant en a besoin, au bon moment et sans contrepartie. Elle est utile et sécurisante.

Exemple :

L'adulte fait une caresse à l'enfant. Il nettoie et panse la plaie et lui dit : « Tu t'es bien fait mal, dis donc ! »

Les enfants peuvent entendre les messages sous-jacents suivants :

Je t'aime et tu mérites d'être aimé. Tu es important. Tes besoins le sont aussi. Je suis content(e) de m'occuper de toi.

Réactions courantes des enfants :

Douleur au bras mais chaleur au cœur. L'enfant se sent accepté, aimé, important et en sécurité.

Prises de position possibles des enfants :

Je suis important. Je mérite que l'on prenne soin de moi. Je sais ce dont j'ai besoin. C'est OK de le demander. Je suis aimé. Je peux faire confiance aux autres. Il est normal d'être dépendant à certains moments.

Le Soutien Attentif

Le Soutien Attentif offre une aide qui rassure l'enfant. C'est un témoignage d'amour. Il encourage l'enfant à penser et agir par lui-même.

(L'adulte a déjà montré à l'enfant comment nettoyer une plaie.) Il lui dit : « Je vois que tu t'es éraflé le bras. Est-ce que tu as mal ? Veux-tu t'en occuper toi-même ou veux-tu que je t'aide ? » Il lui propose une caresse.

Je t'aime. Tu mérites d'être aimé. Tu es une personne capable. Je suis content(e) de m'occuper de toi. Demande ce dont tu as besoin. Ton bien-être est important pour moi. Nous sommes deux personnes distinctes. Je sais que tu es à même de faire des choix qui tiennent compte de tes intérêts.

Douleur au bras mais chaleur au cœur. L'enfant sent que ses parents ont confiance en lui et il prend de l'assurance.

Je suis aimé. Je sais ce dont j'ai besoin. Je suis une personne capable. Je ne suis pas tout seul. C'est OK de demander de l'aide. Je peux nouer des liens avec les autres tout en restant une personne distincte. Je peux être dépendant ou indépendant selon les circonstances.

L'Attitude Indulgente

Situation : Un enfant s'est écorché le bras.

Ses caractéristiques :

Les parents indulgents ont l'amour « collant ». Ils traitent leurs enfants avec condescendance et s'arrangent pour les garder sous leur coupe. L'enfant apprend à ne pas penser par lui-même et à ne pas être responsable de ses actes.

Exemple :

L'adulte se précipite sur l'enfant et lui dit : « Oh, Mon Dieu, regarde ton bras, mon pauvre petit chéri ! Cela fait très mal ! Je vais te mettre un pansement. Va t'allonger et regarde la télévision. Pendant ce temps, je ferai tes devoirs à ta place. »

Les enfants peuvent entendre les messages sous-jacents suivants :

Ne grandis pas. Ne sois pas capable. Mes besoins sont plus importants que les tiens (ou l'inverse). Ils ne peuvent de toute façon être satisfaits en même temps.

Réactions courantes des enfants :

Douleur au bras et doute dans le cœur. L'enfant est content sur le moment parce qu'il est dorloté. Plus tard, il se sentira perdu, furieux, incapable de se protéger et honteux.

Prises de position possibles des enfants :

Je ne suis pas capable. Je n'ai pas à être compétent. Je n'ai pas à savoir ce dont j'ai besoin, ce que je pense ou ce que je ressens. ***Les autres doivent s'occuper de moi.*** Je n'ai pas à grandir. Je manipule les autres ou je joue les victimes pour obtenir ce qu'il me faut. C'est bien d'être égocentrique. À l'âge adulte, il sera en permanence sur ses gardes.

L'Attitude Négligente

La Négligence est une sorte de brutalité « passive ». Les parents ne sont pas disponibles ou ignorent les demandes de l'enfant. Ils peuvent être présents physiquement mais ils sont absents psychiquement.

L'adulte ne voit pas la blessure de l'enfant et lui dit : « Fiche-moi la paix ! »

Tu n'es pas important. Tes besoins non plus. Tu ne mérites pas d'exister. Il faut souffrir pour obtenir ce que l'on veut.

Douleur au bras et cœur gros. L'enfant se sent abandonné, perdu, rageur, désappointé et honteux.

Je ne sais pas vraiment qui je suis. Je ne sais pas non plus distinguer ce qui est juste de ce qui ne l'est pas. Je ne suis ni important ni fort. Personne ne peut m'aimer. Je serai toujours tout seul. Il ne faut pas demander de l'aide ni faire confiance aux autres. Je ne mérite pas d'être soutenu. La vie est dure.

Un petit mot au sujet de l'Autorité Attentive et du Soutien Attentif – Quelques distinctions

Les deux sont offerts à l'enfant sans condition et avec amour. Mais il existe une nuance entre les deux. Les parents usent de l'Autorité Attentive quand cela est nécessaire pour l'enfant ou quand celui-ci le demande. Le Soutien Attentif, lui, est proposé affectueusement mais jamais imposé.

Les enfants ont soif d'attentions. Ils manifestent leurs besoins par des pleurs et des colères. Bébé pleure, papa lui donne son biberon. Bébé le refuse. Papa le berce tendrement. Bébé s'agite encore un peu puis se cale dans les bras paternels enfin satisfait. Le père a été attentif aux besoins de son enfant. Il lui a proposé son Soutien Attentif. Si le chauffage tombe en panne et que papa enfile d'office ses vêtements chauds à bébé, papa, par amour, s'est servi de son Autorité Attentive.

En grandissant, les enfants ont besoin de moins d'Autorité Attentive et de plus de Soutien Attentif. Ils apprécient cependant de temps en temps que leurs parents fassent preuve d'Autorité Attentive. Le fils de Judy, un adolescent, prépare chaque jour le déjeuner qu'il prendra à l'école. Un matin, il se réveille en retard et en rangeant son cartable casse un objet qu'il devait présenter à sa classe ce jour-là. Sa mère lui confectionne son repas et le lui tend en souriant. Elle lui dit : « Je t'ai préparé ton déjeuner. J'espère que le reste de ta journée se passera mieux ! » L'initiative de Judy a été bien accueillie par son fils. Il a pensé que sa mère prenait bien soin de lui et s'est senti plus solide.

Le Soutien Attentif est moins indispensable aux jeunes enfants. Il leur est cependant utile car il leur apprend à faire certains choix et à s'interroger sur leurs besoins. Bébé a maintenant un an. Il vient de passer un bon moment à explorer les différents objets posés sur la table. Il se plaint et semble fatigué. Papa lui dit : « Mon bébé, veux-tu que je t'embrasse et te berce ? » L'enfant peut décider de continuer de pleurer, de changer d'activité ou de se faire caresser. S'il sanglote trop longtemps, son père passera du Soutien Attentif qu'il lui a proposé à l'Autorité Attentive.

Quand les adultes s'occupent bien de leurs enfants, ceux-ci parviennent progressivement à se prendre en charge. Leurs parents peuvent ainsi diminuer petit à petit la quantité d'Autorité Attentive qu'ils leur donnent et augmenter celle de Soutien Attentif. Les parents et les enfants nouent peu à peu une relation d'entraide.

C'est parfois agréable de gâter ses enfants. Il est cependant important de réfléchir aux raisons pour lesquelles nous le faisons. Si nous les chouchoutons parce que nous voulons en fait gâter le petit enfant qui réside en chacun de nous, nous leur transmettons l'idée selon laquelle ils n'existent que comme un double de nous-même. Le jour où nous saurons satisfaire nos propres désirs, nous n'aurons plus besoin de dorloter nos enfants.

Certains adultes font passer leurs enfants en premier et se complaisent à jouer les victimes. Ils se rabaissent et attendent que leurs enfants leur donnent de la valeur. C'est pourquoi, ils font leurs quatre volontés et craignent leur colère. Ces enfants deviennent égoïstes et méprisent les autres. Ils n'estiment personne à commencer par eux-mêmes. L'enfant dont les parents se dévalorisent cherche à se construire un modèle. Il les copiera tout naturellement en devenant lui-même un martyr, à moins qu'il n'écrase les autres pour obtenir ce qu'il désire.

Il peut arriver à chacun d'entre nous de gâter ses enfants ou de jouer les victimes de temps en temps. Nous devons néanmoins éviter de le faire en apprenant à nous estimer et à reconnaître la valeur des autres.

Utilisez les exemples suivants pour évaluer la manière dont vous prodiguez des soins et de l'attention à vos enfants et pour vous améliorer. Voyez si les réponses d'Autorité

Attentive et de Soutien Attentif pourraient convenir à votre famille si elle se trouvait dans la situation décrite. Dans le cas contraire, adaptez-les à votre propre cas en gardant à l'esprit que ces messages doivent être porteurs d'amour inconditionnel.

PREMIER EXEMPLE :

Situation : Un petit garçon d'un an porte tout à sa bouche

Un des parents :
Attitude Brutale : crie et lui arrache l'objet de la bouche.
Attitude Menaçante : fronce les sourcils et lui dit : « Je ne t'aime plus quand tu fais cela. Sois un bon garçon, arrête ça. »
Autorité Attentive : supprime tous les objets dangereux de la pièce dans laquelle l'enfant joue. Admire l'enfant pour sa capacité à explorer son environnement.
Soutien Attentif : donne à l'enfant des objets qu'il peut sucer sans risque.
Attitude Indulgente : laisse l'enfant abîmer des objets « parce qu'il aime sucer tout ce qui lui tombe sous la main ».
Attitude Négligente : ne remarque pas que l'enfant porte à la bouche des kleenex, des mégots, des médicaments ou des produits d'entretien.

DEUXIÈME EXEMPLE :

Situation : Une petite fille de trois ans commence à traverser la rue toute seule

Un des parents :
Attitude Brutale : lui donne une fessée.

Attitude Menaçante : tire l'enfant en arrière et lui dit : « Si tu ne m'obéis pas, je ne t'aime plus ! »
Autorité Attentive : appelle l'enfant et lui court derrière pour la retenir. Lui répète la règle non-négociable selon laquelle elle n'a pas le droit de traverser seule.
Soutien Attentif : admet que l'enfant ait envie de traverser seule. Lui rappelle qu'elle le pourra quand elle sera plus grande.
Attitude Indulgente : permet à l'enfant de traverser seule alors qu'elle n'est pas encore capable d'évaluer, ni la vitesse, ni la distance à laquelle se trouvent les voitures.
Attitude Négligente : regarde ailleurs.

TROISIÈME EXEMPLE :

Situation : Un petit garçon de quatre ans se déguise avec des vêtements de femme

Un des parents :
Attitude Brutale : lui dit : « Espèce de femmelette ! » Lui arrache les bijoux qu'il porte et /ou le frappe.
Attitude Menaçante : lui dit : « Je ne t'aime que lorsque tu te conduis comme un vrai petit garçon. »
Autorité Attentive : lui dit avec tendresse : « Je vois que tu aimes bien te déguiser. » Lui offre une caresse.
Soutien Attentif : lui propose différents déguisements.
Attitude Indulgente : lui achète six « panoplies de garçon » : une de cow-boy, une de Superman, une de pirate...
Attitude Négligente : ne prête à l'enfant aucun accessoire pour se déguiser.

QUATRIÈME EXEMPLE :

Situation : Une petite fille de sept ans est triste parce que ses camarades ne veulent pas qu'elle joue avec eux

Un des parents :
Attitude Brutale : lui dit : « Je ne les blâme pas. Moi, je ne voudrais pas jouer avec une pleurnicheuse comme toi. » Lui pince l'oreille.
Attitude Menaçante : soupire et dit : « J'aurais tellement aimé que tu sois populaire parmi tes camarades ! »
Autorité Attentive : lui dit : « Je t'aime et je pense que tu es quelqu'un de bien. Je suis désolé(e) qu'ils ne veuillent pas jouer avec toi. Réfléchis à ce que tu pourrais faire d'autre aujourd'hui. »
Soutien Attentif : lui dit : « Je me souviens qu'il m'est arrivé la même chose quand j'avais ton âge. Cela m'a fait de la peine aussi. J'ai eu l'impression d'être collante. Je suis de tout cœur avec toi. Est-ce que je peux faire quelque chose pour toi ? »
Attitude Indulgente : lui dit : « Je vais t'acheter de nouveaux jouets. Comme ça, ils voudront tous jouer avec toi. »
Attitude Négligente : ne remarque rien ou dit à l'enfant que tout cela n'a aucune importance.

CINQUIÈME EXEMPLE :

Situation : Un garçon de dix ans veut apprendre à jouer du cor d'harmonie

Un des parents :
Attitude Brutale : lui dit sur un ton moqueur : « Tu veux jouer du cor d'harmonie ? » L'adulte fabrique un

cornet avec une feuille de papier et se met à crier à l'oreille de l'enfant.
Attitude Menaçante : ne relève que les erreurs de l'enfant, ne le félicite jamais et l'encourage plutôt à se tourner vers le sport. Lui dit : « Je ne peux pas t'acheter un cor car tu as besoin de skis neufs. »
Autorité Attentive : lui dit : « Vendredi, nous irons dans un magasin d'instruments de musique. Nous verrons comment on peut louer un cor et trouver un bon professeur. »
Soutien Attentif : lui dit : « Je suis sûr(e) que tu réussiras. J'espère qu'un jour j'irai t'écouter à un récital. »
Attitude Indulgente : « Tiens, je t'ai acheté une trompette. C'est une des meilleures. C'est plus facile à transporter qu'un cor. »
Attitude Négligente : ignore la demande de l'enfant ou promet de lui acheter un instrument de musique et oublie complètement de le faire.

SIXIÈME EXEMPLE :

Situation : Un enfant de dix ans ne veut pas déménager et partir dans une autre ville

Un de parents :
Attitude Brutale : lui dit : « Ne fais pas le bébé. Si tu veux pleurer, je vais t'en donner, moi, des raisons ! »
Attitude Menaçante : lui dit : « J'ai beaucoup de choses à faire, alors souris et aide-moi à remplir les cartons. »
Autorité Attentive : remarque les larmes de l'enfant. Le prend dans ses bras et le rassure. Lui offre un livre pour enfant qui relate le déménagement d'une famille. En parle avec lui.
Soutien Attentif : lui dit : « Quitter ta maison et tous tes camarades n'est pas drôle, je le sais. Veux-tu préparer une petite fête pour leur dire au revoir ? » Les adultes

invitent leurs amis avant de déménager et proposent à l'enfant de se joindre à eux.
Attitude Indulgente : « Je suis bien triste pour toi. J'ai déménagé deux fois quand j'avais ton âge. Tu pourras choisir ta nouvelle chambre et tous les meubles que tu voudras. »
Attitude Négligente : ne voit pas la détresse de l'enfant.

SEPTIÈME EXEMPLE :

Situation : L'entrée dans la puberté

Un des parents :
Attitude Brutale : taquine l'adolescent(e) au sujet de son acné, de sa voix qui change ou de sa poitrine naissante. Le/la touche d'une manière équivoque.
Attitude Menaçante : lui dit : « Je vois que tu es en train de devenir jeune fille. Je vais t'acheter un soutien-gorge. Comme je n'aime pas te voir grandir ! »
Autorité Attentive : lui dit avec tendresse : « Je vois que ton corps est en train de se transformer. Tu entres dans l'adolescence et tu grandis. C'est merveilleux ! Je t'aime. » Continue à avoir des contacts corporels avec l'enfant d'une manière non-sexuelle et acceptable pour lui.
Soutien Attentif : lui dit : « Voilà une grande nouvelle ! Comment voudrais-tu la fêter ? Veux-tu que nous t'offrions un cadeau ? »
Attitude Indulgente : lui dit : « Je vois que tu te développes. J'en suis content(e). Maintenant, tu pourras aller à des « parties ». Si on en organisait une pour ce vendredi ? »
Attitude Négligente : ne remarque rien ou ne touche plus l'enfant. De nombreux adultes confondent les contacts tendres et les contacts d'ordre plus sexuel. C'est pourquoi, ils ne touchent plus les enfants du sexe

opposé à partir de la puberté, à un moment où justement l'enfant aurait besoin d'être réconforté par un maintien du contact physique avec ses parents.

HUITIÈME EXEMPLE :

Situation : Un adolescent est encouragé à boire de l'alcool par ses camarades

Un des parents :
Attitude Brutale : fouille dans les affaires de l'adolescent et écoute ses conversations téléphoniques. Le frappe s'il apprend que son enfant est allé à une soirée où il y avait de la bière.
Attitude Menaçante : lui dit : « Je ne t'aimerai plus si tu bois de l'alcool » ou « Si tu bois, j'en mourrai. »
Autorité Attentive : ne propose pas d'alcool aux adolescents. Prête sa voiture à son fils quand il sort afin qu'il ne soit pas obligé de rentrer avec des camarades qui boivent. L'assure de son amour.
Soutien Attentif : ne boit pas ou très modérément. Montre à l'adolescent qu'il est conscient qu'il subit une forte pression. Lui demande s'il peut l'aider. L'encourage à développer des techniques de résistance aux influences extérieures. Fête ses succès.
Attitude Indulgente : propose aux adolescents de leur acheter de l'alcool.
Attitude Négligente : boit trop. Est physiquement ou psychiquement absent. Ne remarque pas que l'adolescent est soûl.

NEUVIÈME EXEMPLE :

Situation : Un adolescent est très déprimé

Un des parents :
Attitude Brutale : lui dit : « Arrête de traîner comme ça. Tu n'as aucune raison d'être déprimé. »

Attitude Menaçante : lui dit : « Reviens quand tu seras plus gai. » ou « Tu ***crois*** être déprimé. »
Autorité Attentive : emmène l'adolescent consulter un spécialiste. Lui propose une thérapie si nécessaire. Fait les changements qui s'imposent au sein de la cellule familiale.
Soutien Attentif : (Le soutien ne suffit pas. Il faut voir un spécialiste.)
Attitude Indulgente : s'apitoie. Laisse l'enfant s'isoler dans sa chambre. Lui offre des cadeaux hors de prix. Lui dit que la vie n'est pas drôle.
Attitude Négligente : ne remarque rien, ou lui dit : « Je vois que tu grandis. J'espère que tu t'en sortiras. »

DIXIÈME EXEMPLE :

Situation : Un enfant est handicapé

Un des parents :
Attitude Brutale : surnomme l'enfant « patte folle », « l'estropié », « jambe de bois », etc. Est brutal avec lui.
Attitude Menaçante : ne réconforte pas l'enfant quand il souffre. Le félicite quand il cache sa souffrance et sa tristesse.
Autorité Attentive : lui apprend à vivre avec son handicap. Reconnaît l'importance de ses sentiments et de ses sensations.
Soutien Attentif : donne à l'enfant les moyens de se développer.
Attitude Indulgente : considère que l'enfant n'a pas à être responsable de lui-même et de ses sentiments. Accomplit à sa place des tâches qu'il est capable de mener à bien tout seul.
Attitude Négligente : n'offre à l'enfant ni aide ni soutien ni protection.

ONZIÈME EXEMPLE :

Situation : Une adolescente a été violée

Un des parents :
Attitude Brutale : la bat ou lui dit qu'elle a provoqué le violeur.
Attitude Menaçante : lui dit : « Les gens ne te respecteront plus désormais. Nous n'en parlerons à personne. »
Autorité Attentive : consulte un spécialiste pour aider la jeune fille ainsi que toute sa famille.
Soutien Attentif : se rend disponible pour écouter et parler avec l'adolescente. Fait tout son possible pour l'aider. La famille décide des mesures à prendre pour protéger les enfants et éviter que ce drame ne se reproduise. L'adolescente peut participer à la discussion si elle le souhaite.
Attitude Indulgente : l'envoie en Europe pour qu'elle se change les idées.
Attitude Négligente : ne remarque rien. Comme la jeune fille est habituée à être négligée par ses parents, elle ne leur dit rien de ce qui lui est arrivé.

Imaginez d'autres exemples selon le même modèle. Montrez à vos enfants comment reconnaître les différentes attitudes et les messages correspondants. Ils pourront ainsi évaluer la qualité des soins et de l'attention qu'ils reçoivent en dehors de la famille. Apprenez-leur à escompter de l'Autorité Attentive ou du Soutien Attentif et à refuser la Brutalité, les Menaces, l'Indulgence et la Négligence.

Comment aider vos enfants à accepter l'amour qui leur est offert ?

Si vous avez l'impression que votre enfant rejette les messages d'amour que vous lui adressez, qu'il les entend comme des critiques, ou qu'il a honte, demandez-vous :

Est-ce que mon enfant est brutalisé par une personne cruelle et odieuse ou par quelqu'un qui, ne comprenant pas les besoins d'un enfant de son âge, les contrarie ?

Si c'est le cas, protégez-le et faites-vous aider. Le docteur Christine Ternand a décrit cette forme de mauvais traitements dans une série d'ouvrages intitulés ***Help for Parents.***

Avez-vous eu un comportement inégal à l'égard de l'enfant ? Si oui, dites-lui que votre attitude a été inconséquente et que vous allez la changer... et faites-le vraiment ! Essayez aussi de :

- Dire à votre enfant que vous n'êtes pas sûr(e) qu'il ait entendu l'affection contenue dans vos propos. Demandez-lui de bien vous écouter et répétez-le lui. Ne sollicitez pas de réponse de sa part.

- Poser votre main sur son bras et de lui répéter votre message doucement.

- Lui dire que vous pensez qu'il n'a pas compris votre message comme vous l'espériez. Dites-lui que vous voudriez le lui répéter. Formulez-le différemment. N'attendez pas une réponse immédiate.

- Répéter pour vous-même le message. Demandez-vous s'il est vraiment positif. Si ce n'est pas le cas, reformulez-le.

- Lui dire que vous voulez changer votre façon de lui exprimer votre amour. S'il est suffisamment grand, demandez-lui comment vous pourriez l'améliorer.

- Être attentif aux préférences de chaque enfant : en effet, certains sont plus sensibles aux caresses, d'autres à ce que vous leur dites ou à ce que vous leur montrez.

- Demander à l'enfant quelle est la forme de témoignage d'amour de votre part à laquelle il est le plus sensible.

- Lui montrer quels témoignages d'affection vous aimez recevoir de sa part.

- Lui parler d'autres personnes qui, elles aussi, accueillent l'amour qui leur est donné.

CHAPITRE 4

Comment offrir des soins et des attentions aux autres adultes et à soi-même

Les adultes ont eux aussi besoin de nourriture affective. Bien prendre soin des autres est un art. Il faut savoir quand offrir de l'Autorité Attentive et quand proposer du Soutien Attentif et doser ses efforts, ni trop, ni trop peu. Cela s'apprend par la pratique. Si vous en faites trop, on vous traitera de bon Samaritain, de paternaliste, de codépendant ou de despote. Nous devons offrir aux autres ce qui leur est nécessaire et non ce que, nous, nous voulons leur donner. Et pour être efficace, il faut être à l'écoute et entendre leurs demandes.

L'Autorité Attentive et le Soutien Attentif

Quand faut-il prodiguer de l'Autorité Attentive aux adultes ? Quand ils sont stressés, fatigués, perdus, blessés ou en danger ; lorsque ce sont de jeunes parents ou quand nous avons avec eux un contrat permanent (par exemple : « Je nettoie ta voiture et toi, tu laves mes vêtements »). Lorsque des personnes viennent de perdre quelqu'un, elles ont besoin que l'on s'occupe d'elles. Nous pouvons, par exemple, leur envoyer des fleurs ou un petit mot, leur apporter une soupe chaude ou les inviter au cinéma. Dans tous les cas de même nature, offrir un soutien est une bonne chose, par contre, les propositions d'ordre sexuel, elles, ne sont pas du tout adaptées. Bien souvent, le mieux est d'écouter l'autre.

Quand quelqu'un offre de l'Autorité Attentive, il détermine ce dont l'autre a besoin et le lui apporte. Le Soutien Attentif, lui, est proposé. Il peut être accepté, refusé ou négocié.

Réfléchissez aux réponses apportées aux propositions de Lynn :

L'offre est acceptée :

Lynn dit à une amie dont l'un des parents vient de mourir : « Je suis désolée pour ta mère... J'aimerais t'aider. Si des gens viennent en avion pour assister à l'enterrement, je pourrais aller les chercher à l'aéroport, si tu veux. » Son amie la remercie et lui donne les heures d'arrivée des différents vols.

L'offre est refusée :

Lynn a remarqué que son amie était déprimée. Elle lui demande : « Est-ce que ça va ? Qu'est-ce qui se passe ? Veux-tu m'en parler ? »

Son amie lui répond : « Ça va. » Lynn lui dit alors : « Bien, si tu veux discuter avec moi plus tard, dis-le moi. »

L'amie de Lynn a décidé de ne pas accepter son offre, mais elle sait que la porte de Lynn lui est toujours ouverte si jamais elle change d'avis.

L'offre est négociée :

La proposition de Lynn ne correspond pas forcément à l'aide dont son amie a besoin. Elle lui dit, par exemple : « Je veux bien vous apporter de quoi dîner pour ce soir. »

« Merci de ton offre. En fait, je préférerais que tu conduises les enfants à leur cours de musique ce soir. Est-ce que tu pourrais t'en occuper ? »

Lynn consulte son carnet de rendez-vous et répond qu'elle peut le faire ou qu'au contraire elle est désolée parce que cela lui est impossible.

Le soutien est caractérisé par le respect de l'autre. Chacun est reconnu responsable de lui-même et en retire un sentiment de solidité et d'intégrité personnelle.

Pour pouvoir offrir Autorité Attentive et Soutien Attentif à d'autres adultes, nous devons avoir le désir de partager avec les autres l'amour inconditionnel que nous avons reçu. Encore faut-il que nous sachions qui nous sommes et quels sont nos besoins. Notre capacité à apporter de l'aide en dépend. Faire face à l'alcoolisme est de l'Autorité Attentive. Encourager un ami alcoolique qui cherche de l'aide est du Soutien. Préparer un repas chaud pour une famille qui vient d'avoir un nouveau-né est de l'Autorité Attentive. Proposer de faire la gardienne est du Soutien Attentif. Organiser une « surprise-party » d'anniversaire est de l'Autorité Attentive. Suggérer de fêter un succès est du Soutien Attentif.

Entraînons-nous à offrir de l'Autorité Attentive et du Soutien Attentif aux autres adultes... et à nous-mêmes

Après avoir bien réfléchi à la manière dont vous offrez de l'Autorité Attentive et du Soutien Attentif, lisez les exemples ci-dessous. Entraînez-vous à bien distinguer les différentes attitudes. Voyez quelles sont celles que vous voulez changer chez vous et celles que vous souhaitez conserver.

Instructions : Lisez attentivement les deux premiers exemples et étudiez les phrases proposées pour chaque position. Pour les deux exemples suivants, déterminez à quelle attitude renvoie chaque phrase et notez votre réponse dans l'espace prévu à cet effet. Si les phrases proposées pour l'Autorité Attentive et le Soutien Attentif ne vous conviennent pas, réécrivez-les.

PREMIER EXEMPLE :

Situation : L'éducation des enfants

Le mari :
Attitude Brutale : se moque ou bat sa femme si elle lui demande de l'aide.
Attitude Menaçante : lui dit : « Je t'aiderai avec les enfants le jour où tu gagneras plus que moi ! »
Autorité Attentive : dit : « Les enfants ont besoin que leur père s'occupe d'eux. » Il participe à l'éducation et aux soins qui leur sont donnés.
Soutien Attentif : négocie avec sa femme pour déterminer qui fera quoi. Les parents ne se dénigrent pas devant les enfants et peuvent même se féliciter mutuellement.
Attitude Indulgente : offre à sa femme des cadeaux hors de prix au lieu de l'aider.
Attitude Négligente : travaille trop, passe beaucoup de temps à l'extérieur, dans des bars ou à son club sportif. Il rentre tard et part très tôt le matin.

DEUXIÈME EXEMPLE :

Situation : Un des parents se dit : « Les besoins des enfants viennent en premier, puis viennent ceux de ma femme/mon mari, et enfin les miens »

Il/elle :
Attitude Brutale : se dit : « Je travaillerai le plus possible afin de leur offrir tout ce qu'ils désirent. » Il/elle travaille à s'en rendre malade.

Attitude Menaçante : se dit : « Je ne vaux rien si je ne me sacrifie pas pour les autres. »
Autorité Attentive : se dit : « Je tiens compte de mes besoins et fais en sorte qu'ils soient satisfaits. Je reconnais aussi ceux des autres et j'essaie de les aider à les contenter. »
Soutien Attentif : se fait aider par un groupe de soutien.
Attitude Indulgente : travaille trop, fait des excès alimentaires, prend des médicaments et boit de l'alcool de manière immodérée pour pouvoir supporter le stress.
Attitude Négligente : continue à penser et à agir comme auparavant.

TROISIÈME EXEMPLE :

Situation : L'un des conjoints est alcoolique ou toxicomane

L'autre conjoint :

1. L'excuse auprès des enfants. ____________________
2. Lui dit : « Tiens, voilà une adresse où tu peux te faire aider. » ____________________
3. Lui dit : « Les enfants et moi, nous nous faisons aider par quelqu'un. Je voudrais que tu te joignes à nous. » ____________________
4. Refuse de reconnaître que son conjoint est alcoolique ou toxicomane, ou plonge lui-même dans la boisson ou la drogue. ____________________
5. Lui dit : « Je t'aimerai de nouveau quand tu seras en meilleure forme. » ____________________
6. Alterne silences glacés et critiques.

____

Réponses : (1) Attitude Indulgente ; (2) Soutien Attentif ; (3) Autorité Attentive ; (4) Attitude Négligente ; (5) Attitude Menaçante ; (6) Attitude Brutale.

QUATRIÈME EXEMPLE :

Situation : Un des parents se dit : « Si j'arrête de sauver les apparences en ne couvrant plus les comportements malsains des membres de ma famille, je serai obligé(e) de m'occuper de moi, ce que je ne sais pas faire. »

Il/elle :

1. Continue à agir comme si de rien n'était.

   ____

2. Se dit : « Je vais essayer de faire bonne figure à tout prix. » ____________________
3. Se dit : « Je vais me faire aider par plusieurs personnes, ainsi j'aurai le choix entre différents conseils. » ____________________
4. Se dit : « Je vais consulter un thérapeute et faire face à la réalité que j'ai tenté de me cacher pendant si longtemps. » ____________________
5. Devient une sorte de malade chronique à cause du stress. ____________________
6. Se dit : « Tant que je m'occupe des autres, ça va. »

   ____

Réponses : (1) Attitude Négligente ; (2) Attitude Indulgente ; (3) Soutien Attentif ; (4) Autorité Attentive ; (5) Attitude Brutale ; (6) Attitude Menaçante.

Pour s'aimer, il faut établir ses propres règles

Si vous éprouvez de la difficulté à accepter l'Autorité Attentive et le Soutien Attentif qui vous sont offerts, si vous ne parvenez pas non plus à vous les prodiguer, arrêtez-vous un instant et réfléchissez. Pourquoi est-ce si difficile ?

Autorité et Soutien attentifs sont fondés sur l'amour inconditionnel. Si, enfant, vous n'avez pas été aimé de manière inconditionnelle, il vous est probablement impossible de reconnaître et de vous nourrir de l'amour que les autres vous apportent. Si nos parents nous ont aimés « sous conditions » c'est-à-dire en fonction de ce que nous pouvions leur donner en échange, nous avons pris l'habitude de payer pour recevoir des messages de tendresse.

Désormais, quand quelqu'un nous dit : « Je t'aime », nous pensons : « ***Que va-t-il falloir que je fasse pour mériter cela ?*** » ou « ***Qu'est-ce que cela va me coûter ?*** »

À partir du moment où nous acceptions l'idée que les désirs des adultes primaient sur les besoins des enfants, nous ne pouvions plus faire confiance ni à l'amour ni au soutien des parents. Nous devons maintenant apprendre à croire en l'existence de l'amour inconditionnel. Cela peut demander un peu de temps, mais ce n'est qu'ainsi que nous pourrons, à notre tour, l'offrir à nos enfants.

Relations sexuelles et nourriture affective

Chacun d'entre nous a des activités et des moments privilégiés qui lui permettent de se ressourcer : une promenade au bord de la mer, la lumière des bougies, une fantastique journée de ski, etc. Les contacts corporels, quand ils sont chaleureux, constituent un des moyens essentiels par lesquels nous nous offrons mutuellement cette nourriture affective, nécessaire à notre bien-être. C'est pourquoi beaucoup d'entre nous croient à tort qu'ils doivent, pour la recevoir, accepter ou rechercher des contacts d'ordre sexuel.

Les rapports sexuels peuvent être source d'échanges enrichissants au sein d'une relation amoureuse. En revanche, tenter de combler notre besoin d'affection par des relations sexuelles peut être tout à fait destructeur. Cela peut engendrer un sentiment de vide intérieur, voire mener tout droit à l'inceste. On n'a pas le droit de profiter de la confiance des autres pour les exploiter sur un plan sexuel.

Il existe différentes façons de satisfaire votre soif de contacts corporels. En voici quelques-unes :

- vous faire donner un massage thérapeutique,
- vous faire chouchouter par vos amis,
- nouer des relations enrichissantes avec des personnes qui vous apprécient et vous acceptent comme vous êtes,
- prendre soin de votre corps en vous nourrissant de manière équilibrée et en faisant un peu d'exercice.

Ceux qui ont recours aux relations sexuelles comme à une drogue ont besoin de consulter un thérapeute expérimenté et soutenant.

Choisissons d'être aimés

« Je suis aimable et j'aime » sont des convictions issues de l'amour inconditionnel. Voici quelques « règles » personnelles qui en découlent.

- J'accepte l'amour qui m'est offert.
- L'amour existe en quantité infinie.
- Je donne mon amour librement.
- Je m'entoure de personnes aimantes.
- Je me protège contre ceux qui me font du mal.

Si, enfants, nous avons reçu une attention inégale de la part de nos parents, si nous n'avons pas adopté ce genre de règles, nous avons dû en créer d'autres. Elles fonctionnaient à l'époque mais elles nous empêchent aujourd'hui de faire l'expérience de l'amour. Elles sont le reflet de notre « refus d'amour » ou de notre « soif d'amour ».

Prenons quelques situations anciennes et examinons les décisions prises à l'époque puis les nouvelles règles édictées par nos amis. Nous pouvons leur emprunter des idées pour continuer à grandir nous aussi :

Alice : « Ils me disaient qu'ils m'aimaient alors je n'ai pas cherché à analyser leur comportement à mon égard. Je me suis conduite de la même façon avec mes propres enfants. J'éprouve toujours un sentiment de vide. »

Nouvelle règle : « Je suis quelqu'un de bien. Je réfléchis à ce que mes parents m'ont transmis et j'essaie de panser mes blessures anciennes. J'apprends à trouver du plaisir à chaque moment de ma vie. »

Devon : « Ils ne m'aimaient pas, mais je faisais comme si... Je continue à faire comme si ou bien je prétends que tout cela m'est égal parce que je ne supporte pas l'idée qu'ils n'aient eu aucune affection pour moi. »

Nouvelle règle : « Je suis quelqu'un de bien et c'est important pour moi de me sentir aimé. Je m'entoure maintenant de personnes chaleureuses et aimantes. »

Bart : « Ils ne m'ont jamais fait de compliments ni dit qu'ils m'aimaient ou que je comptais pour eux. Alors, aujourd'hui je ne dis jamais à quelqu'un que je l'aime. J'ai peur qu'il se croit meilleur que moi et qu'il me laisse tomber. »

Nouvelle règle : « Désormais, je m'affirme et j'accepte que les autres s'affirment. Je leur dis combien je les estime, combien je les admire et les aime. »

Frank : « Ils ne m'ont jamais dit qu'ils m'aimaient alors j'ai décidé que les autres m'aimeraient ! Je suis prêt à faire n'importe quoi pour que l'on me dise "Je t'aime". »

Nouvelle règle : « Je suis quelqu'un de bien et je mérite que l'on m'aime comme je suis. Je ne dénigre pas mes besoins ou mes principes pour faire plaisir aux autres. »

Candy : « Ils essayaient d'acheter mon affection, alors je ne croyais pas en leur amour et je ne leur disais jamais que je tenais à eux. Aujourd'hui, j'ai peur de dire aux autres que je les aime parce que je crains qu'ensuite ils n'aient plus besoin de moi. »

Nouvelle règle : « Je t'aime, je veux que tu m'aimes et je te le dis. »

Henry : « Ils m'ont abandonné alors j'ai décidé que je ne méritais pas d'être aimé. Si on m'aime, j'ai peur que l'on me quitte, alors je m'arrange pour que l'on me laisse tomber ou bien je m'enfuis. »

Nouvelle règle : « J'accepterai l'amour que l'on m'offre et je me soignerai afin de ne plus fuir. »

Ed : « J'avais honte parce que je ne me sentais pas aimé. J'essaie désormais d'acheter ton amour en comblant tous tes désirs avant même qu'ils existent. Si tu me demandes de faire quelque chose pour toi, j'ai l'impression d'être un raté pour n'avoir pas su repérer ton besoin à temps. Si tu me dis que tu m'aimes, je réfléchis alors à ce que je pourrais faire pour mériter ton amour. »

Nouvelle règle : « J'accepte ton amour librement. Je te fais confiance pour demander ce dont tu as besoin. »

Georges : « Ils étaient démunis économiquement et psychologiquement, alors j'ai décidé que je ne valais rien et que je devais gagner l'amour que l'on me donnerait. »

Nouvelle règle : « Le véritable amour est gratuit. Je peux l'accepter mais il ne s'achète pas. »

Kate : « J'avais l'impression de ne compter pour personne alors je faisais l'impossible pour entrer en contact avec les gens. Je les agressais et je privilégiais toujours le sexe. Jamais l'amour ! »

Nouvelle règle : « Je trouve des moyens positifs pour obtenir l'attention des gens. Je vois bien la différence qui existe entre l'amour et l'acte purement sexuel. Les rapports sexuels nourrissent désormais l'amour que je porte à mon partenaire. Ils ne le remplacent pas. »

Marty : « Ils me donnaient et faisaient tout ce que je leur demandais. J'adorais cela. Je les aimais aussi. Je considérais que le monde entier avait une dette envers moi. J'ai découvert la vie sans y avoir été préparé et j'ai échoué. Je me suis alors mis à blâmer les autres. »

Nouvelle règle : « Je suis responsable de moi. J'accepte et j'apprécie l'aide des autres. Je suis important et ils le sont également. Je ne suis pas le centre du monde. »

Ces nouvelles règles peuvent devenir des affirmations quotidiennes si nous les avons librement choisies et si nous souhaitons les adopter. Dans son ouvrage, Rokelle Lerner[3] écrit : « Ces affirmations sont des énoncés fortement positifs. Elles concernent la manière dont nous voulons penser, ressentir et nous comporter. »

Créez vos propres règles comme Kate et les autres adultes dont nous vous avons parlé. Si vous le préférez, reportez-vous à celles que nous vous proposons à l'appendice B.1 : « Les affirmations : comment les utiliser en famille et pour vous-même. »

Les enfants de parents indulgents : Comment peuvent-ils suivre un processus de réhabilitation ?

Ceux qui ont été brutalisés, critiqués ou menacés peuvent reconnaître le mal qui leur a été fait. Lorsqu'ils décident de se soigner, ils peuvent trouver soutien et réconfort. En revanche, ceux qui ont eu des parents indulgents éprouvent de la difficulté à admettre que leur enfance les a affaiblis et ne les a pas préparés à affronter la vie. Quand ils parviennent à en prendre conscience, ils ne rencontrent pas facilement compréhension et appui.

Les enfants de parents indulgents disent souvent : « Mes parents me donnaient tout ce que je désirais. Ils m'aimaient vraiment. En quoi est-ce mal ? » Quand ils commencent à se rendre compte que l'on a triché avec eux et qu'ils essaient de se soigner, ils ne trouvent pas aisément soutien et encouragement. Dites à quelqu'un que vous avez été brutalisé ou que vous deviez sans cesse prouver quelque chose pour être aimé et vous aurez toute sa sympathie. Mais dites-lui que vous avez souffert d'une trop grande indulgence et vous n'obtiendrez que jalousie et critiques. Pour lui, vous ne serez qu'un enfant gâté ! Les gens ne comprennent pas les dégâts causés par l'indulgence et font souvent des remarques méprisantes du genre : « Quelle enfance horrible ! Elle ne m'aurait pas déplu ! » Il est pourtant nécessaire de reconnaître les méfaits de l'indulgence, sinon vous ne serez jamais totalement adulte car emprisonné dans la cage dorée et sucrée de l'enfance[4].

Établissons de nouvelles règles

Repensez maintenant à votre propre situation, aux décisions et aux anciennes règles que vous aviez adoptées au sujet de l'amour inconditionnel. Si certaines d'entre elles vous semblent désormais inadaptées ou si elles vous perturbent, changez-les ! Quand vous vous apercevez que vous continuez à utiliser une règle qui maintenant vous fait du mal, réagissez ! Cessez de vous négliger et de défendre vos parents à tout prix. C'est en transformant ces règles de conduite négatives et en les adaptant à votre situation actuelle – de parent et d'adulte – que vous pourrez vous sentir mieux... et continuer de grandir.

Il est temps pour vous de considérer ce qui vous est réellement arrivé. Il est temps de pleurer sur vos besoins jamais satisfaits et sur les attentions non demandées que l'on vous a infligées. Vos parents n'ont probablement pas reçu non plus toute l'affection et toute l'attention qu'ils désiraient. C'est pourquoi ils n'ont pas été en mesure de vous les offrir. L'important est que vous sachiez que vous avez toujours été quelqu'un de bien, même si vous ne vous sentiez pas aimé. Vous méritez de faire le nécessaire pour pouvoir continuer à vous développer et pour prendre enfin conscience de votre valeur.

Après avoir grandi affectivement, Devon nous dit : « Maintenant je me sens libre d'être aimé. Je n'éprouve plus le besoin de dire que je me fiche de tout parce que je n'ai plus à protéger mes parents. Pour la première fois de ma vie, je crois qu'ils m'ont effectivement aimé mais à leur façon. Ils ont fait ce qu'ils pouvaient. »

Alice nous dit : « Je croyais qu'ils tenaient à moi. C'est ce qu'ils me disaient en tout cas. Mais je ressentais un vide intérieur parce qu'ils me négligeaient. Le jour où je l'ai admis, j'ai enfin pu accepter l'amour qu'ils m'avaient offert et j'ai cessé de me négliger. C'est à moi maintenant de veiller à ne pas transmettre cela à mes enfants. »

*Que nos parents nous aient aimés ou pas, n'est plus la question désormais. Nous devons aujourd'hui nous demander : « **Est-ce que je m'aime suffisamment et suis-je prêt(e) à accepter l'amour que les autres m'offriront ?** »*

Acceptons l'amour des autres

Transformons toutes les règles anciennes qui à présent nous perturbent. C'est aussi le moment de laisser tomber celles qui commencent par « N'aie pas confiance en... » et dont nous nous servons pour « filtrer » l'amour que les autres nous témoignent.

Certains d'entre nous ont pris l'habitude de payer pour recevoir l'affection de leurs parents. Ils doutent désormais de l'authenticité de celle qui leur est offerte par d'autres personnes. Ils filtrent l'amour et le rejettent parce qu'ils ont un jour décidé que l'amour inconditionnel n'existait pas. Ou en tout cas, pas pour eux.

Quand on leur dit : « Je t'aime », ils se demandent aussitôt : « Qu'est-ce que cette personne veut obtenir de moi ? » Ils ont constamment l'impression que les autres ne jouent pas franc jeu et qu'ils souhaitent les acheter. Parfois même, ils transforment les messages d'amour en une critique ou se sentent honteux parce qu'ils pensent ne pas mériter l'amour qu'on leur porte.

Ceux d'entre nous dont le « filtre antiamour » est particulièrement puissant ont tendance à refuser toute aide et tout soutien. Au lieu de voir si ces propositions sont offertes gratuitement et d'éventuellement les accepter, ils les rejettent systématiquement. Ils nous disent : « Ça va, je te remercie » ou « Je n'ai pas besoin d'aide ».

Quand nous refusons cette nourriture affective, nous repoussons en même temps l'amour que nous recherchons si ardemment et qui constitue la base de l'estime de soi !

Certains d'entre nous, se sentant mal aimés et honteux, ont décidé de faire face en étant « parfait », « bon », « juste » ou « meilleur ». Leur estime d'eux-mêmes est compétitive. Ils se mesurent en effet sans cesse aux autres au lieu de croire en leurs capacités et en leur valeur.

Tant que nous ne croirons ni n'accepterons l'affection qui nous est offerte, nous nous dépouillerons de notre droit le plus fondamental : celui d'être aimé et de penser que nous pouvons l'être.

Si vous êtes parfois tenté d'ignorer les nouvelles règles que vous vous êtes fixées, en n'acceptant pas, par exemple, l'amour qui vous est donné ou en transformant un message d'affection en une critique, alors :

- Laissez-vous imprégner par ce message et découvrez ce que vous ressentez.
- Priez votre interlocuteur de le répéter et écoutez-le attentivement.
- Demandez-vous si cette personne est digne de confiance ou si son amour a un prix. Si tel est le cas, acceptez-le si vous voulez mais protégez-vous du prix à payer.

Rappelez-vous ceci : nous méritons tous d'être aimés et de continuer à grandir. Pourquoi, après avoir admis l'importance d'une bonne structure et accepté notre besoin d'amour continuons-nous à renoncer et à priver les autres de cette nourriture de vie ? Quelquefois, c'est simplement parce qu'il nous faut développer de nouveaux talents. Mais le plus souvent, nous n'arrivons pas à profiter des bonnes choses de la vie parce que nous vivons dans la dénégation. Celle-ci repose sur la dévalorisation. Nous les découvrirons dans la prochaine partie.

TROISIÈME PARTIE

LA DÉNÉGATION

C'est la véritable colle qui nous immobilise !

« Dieu sauve les enfants pris au piège, vivant dans la peur, cachant leur douleur, meurtris par des déments, hurlant vainement, envahis par la fureur, et qui continuent la ronde. »

STEVE LYNCH
in The Carleton Voice
Volume 50 n°4 Summer 1985.

Chapitre 5

Du dénigrement à la valorisation de soi-même

« **B**ien sûr, mon poste m'empêche de passer beaucoup de temps en famille. Mais, je ne suis pas un bourreau de travail ! Je trouve simplement que ce que je fais est intéressant. Et puis, on a besoin de moi en ce moment. »

« Mon fils a déjà reçu trois citations à comparaître pour conduite en état d'ivresse... mais en fait, il n'était pas vraiment soûl. Il n'a aucun problème avec l'alcool. Il boit en société mais pas plus que ses camarades. Il faut bien que jeunesse se passe ! »

« Il y a tellement de choses à faire à la maison actuellement que je suis très fatigué(e) et n'ai ni le temps ni l'énergie de suivre mon régime. »

Voilà quelques facettes de la dénégation.

Il est très difficile de changer une conviction longuement ancrée en nous, surtout si elle nous a été imposée tôt. Nous avons au contraire tendance à la défendre. Ces prises de position anciennes sont stockées dans un coin de notre conscience et nous n'y pensons plus. Nous continuons à les justifier malgré tout, même si elles ne sont plus valables et nous font du mal. C'est ce que l'on appelle la ***dénégation***.

Le dénigrement est le processus qui la sous-tend. Nous parlerons aussi de dépréciation ou de dévalorisation.

Dans ce chapitre, nous répondrons aux questions suivantes :

- Qu'est-ce que la dévalorisation ?
- Que dévalorisons-nous ?
- Peut-on cesser de recourir à la dévalorisation ?
- Comment l'utilisons-nous ?
- Quels sont les quatre niveaux de dévalorisation ?
- Comment abandonner la dévalorisation et commencer à être positif ?

Qu'est-ce que la dévalorisation ?

La dévalorisation consiste à penser que quelque chose est plus, moins ou différent de ce qu'il est réellement. Nous transformons la réalité afin qu'elle coïncide avec des décisions ou des perceptions anciennes. Cela nous permet de ne pas nous sentir responsables de ce qui se passe. La dévalorisation permet de redéfinir un problème, une situation ou un besoin à notre convenance. Et de les évacuer sans avoir à les résoudre.

Cette incapacité à accomplir ou à comprendre certaines choses est en général fondée sur des décisions plus anciennes concernant notre manque de pouvoir. En dévalorisant tout, nous nous autorisons à être faibles et irresponsables.

Le pouvoir, c'est la capacité à reconnaître nos besoins et ceux des autres et à agir en conséquence. Mal utilisé, il devient abus de pouvoir, exploitation. Utilisé de manière positive, il sert les intérêts d'autrui ainsi que nos propres intérêts.

Malheureusement, pour certains d'entre nous, il n'aurait pas été prudent d'agir de manière efficace, ni sage de reconnaître officiellement des « choses » dont nous étions les témoins dans notre famille. Il était plus raisonnable, en effet, d'accepter l'opinion des grandes personnes, de leur laisser nous dicter notre conduite, nos paroles et nos sentiments. Nos parents nous cachaient peut-être quelque chose que nous devions et souhaitions ignorer. C'était déjà de la dénégation. Nous avons ainsi appris à renoncer à nos capacités en les dévalorisant.

De nombreuses personnes ont recours à la dénégation et à la dépréciation par habitude, pour ne pas remettre en question des convictions enracinées en elles. Certaines dévalorisations ont peu d'effets négatifs. D'autres, en revanche, en ont beaucoup. Bien souvent, nous ne sommes pas conscients d'utiliser la dévalorisation. Ce chapitre peut vous aider à la reconnaître et à déterminer les situations où vous vous en servez. Vous pourrez ainsi décider des changements à apporter dans votre façon de prendre soin de vous-même et de vos enfants.

Que dévalorisons-nous ?

Nous dévalorisons les situations, les autres et nous-mêmes. Étudiez, dans l'exemple ci-dessous, comment John utilise la dépréciation pour protéger des croyances et de vieilles affirmations.

> ***Autodévalorisation :*** « Je ne peux rien y faire. »
> (Ancienne affirmation : « Je ne suis pas important et je n'ai aucun pouvoir.)
> ***Dévalorisation des autres :*** « Ce n'est pas la peine de le lui dire. De toute façon, elle ne changera jamais. »
> (Ancienne affirmation : « Elle est rigide. »)
> ***Dévalorisation de la situation :*** « J'ai vu un éclair dans le ciel, mais la foudre ne tombera jamais ici. Je vais terminer ma partie de golf. »
> (Croyance ancienne : « Cela ne peut pas m'arriver, à moi. »)

Quand une personne dévalorise les autres ou une situation, c'est en fait elle-même qu'elle déprécie. Si John agissait au lieu de ne rien faire, il pourrait réaliser qu'il est réellement important. S'il disait à son amie ce qu'il pense d'elle et si elle évoluait, il serait obligé de modifier son opinion à son sujet. S'il quittait le terrain de golf, il admettrait qu'il est mortel et protégerait sa vie.

Quand des certitudes anciennes comme celles que nous venons de voir sont profondément ancrées, nous dévalorisons les personnes et les situations sans en être conscients.

Peut-on cesser de recourir à la dévalorisation ?

Pouvons-nous cesser d'utiliser la dévalorisation, même si c'est une habitude ? Oui, bien sûr. Nous pouvons changer notre comportement petit à petit en demandant aux autres ce qu'ils pensent de telle ou telle situation et en prenant conscience de la manière dont nous agissons. Faites un contrat avec vous-même qui vous oblige à évaluer et à modifier toutes vos attitudes dévalorisantes, l'une après l'autre. Ne vous blâmez pas. À chaque fois que vous mettez le doigt sur une tentative d'autodénigrement, adoptez une attitude dynamique : « Chic, voilà une réaction que je peux changer ! »

Voici sept étapes que vous pourrez utiliser pour déterminer les moments où vous employez la dévalorisation et pour remplacer celle-ci par une attitude responsable et énergique.

1. Choisissez une situation récente qui vous a mis mal à l'aise mais que vous n'avez pas essayé de changer.
2. Demandez-vous ce que vous avez déprécié : Quelle information ou sentiment ai-je ignoré ? À quoi n'ai-je pas prêté attention ? Qu'est-ce que je n'ai pas valorisé : moi, les autres, la situation ? Rappelez-vous que ne pas

agir est déjà faire quelque chose. Quand nous n'intervenons pas, nous choisissons en fait de dire : « Je prends la décision d'ignorer cela ou de le dénier. »

3. Ayez recours au « brainstorming » : imaginez cinq ou six choses que vous auriez pu faire. Retenez-les même si elles vous semblent insensées. Vous les évaluerez après.
4. Considérez l'issue probable de chaque cas de figure. Voyez s'il aurait pu améliorer la situation.
5. Sélectionnez celui que vous utiliseriez si vous vous trouviez à nouveau dans la même situation.
6. Voyez si vous avez fréquemment tendance à recourir à la dévalorisation. Vous arrive-t-il souvent d'ignorer certaines choses ou de ne pas aller jusqu'au bout de votre réflexion parce que vous vous sentez faible et incapable ? Vous arrive-t-il parfois de rester silencieux(se) après avoir décidé que c'était la meilleure solution ? Comparez vos réponses à ces deux questions.
7. Prenez une nouvelle décision qui vous aidera dans votre action la prochaine fois, comme par exemple : « Je suis quelqu'un de capable et de responsable. »

Voici comment Virginia a franchi ces sept étapes :

1. ***Choisissez une situation.***
   Je me trouvais chez l'épicier quand j'ai vu une maman donner une fessée à son enfant de deux ans. Elle a ensuite jeté sur son bébé un regard irrité et a dit : « Taisez-vous tous les deux ou je vous laisse dans la voiture. » En quittant le magasin, j'ai vu les deux enfants enfermés dans une voiture, en train de crier. Il faisait très chaud. Je n'ai rien dit.
2. ***Demandez-vous ce que vous avez dévalorisé.***
   Moi-même : Je me suis dévalorisée en pensant : « Ce ne sont pas mes enfants alors je n'en suis pas responsable. D'ailleurs, je n'aurais pas su quoi faire. »

Les autres : J'ai dévalorisé la mère en imaginant qu'elle m'insulterait si je lui parlais. J'ai également déprécié les besoins des enfants en me disant que les petits sont en général assez solides.

La situation : J'ai dévalorisé la situation en voulant ignorer que les voitures peuvent être de véritables fournaises en été.

Je n'ai rien fait alors que j'aurais pu intervenir.

3. ***Ayez recours au « brainstorming ».***

   Qu'aurais-je pu faire ?

   A. J'aurais pu appeler le directeur du magasin.
   B. J'aurais pu proposer à cette maman de m'occuper de ses enfants pendant une demi-heure.
   C. J'aurais pu lui dire : « Excusez-moi. Je sais ce que c'est de faire des courses quand on a des enfants en bas âge. J'ai un peu de temps libre maintenant. Est-ce que je peux vous aider ? »
   D. J'aurais pu lui donner l'adresse d'une halte-garderie.
   E. J'aurais pu téléphoner à un organisme de protection de l'enfance.
   F. J'aurais pu prévenir le policier qui était en train de déjeuner en face chez McDonald.
   G. J'aurais pu dire à cette maman : « Ça suffit ! Vous maltraitez vos enfants. Vous n'êtes pas une bonne mère ! »

4. ***Considérez l'issue probable de chaque cas de figure.***

   En réfléchissant à ma liste, j'ai décidé de laisser tomber G. car blâmer n'apporte rien ; F. aurait été efficace et facile ; E. m'aurait pris un certain temps ; D. peut-être ; C. aurait pu marcher mais je ne l'aurais pas proposé parce que je suis timide ; B. n'aurait pas été possible car je ne disposais pas alors d'une demi-heure de libre ; A. était envisageable.

5. ***Sélectionnez la solution que vous utiliseriez si vous vous trouviez à nouveau dans la même situation.***
   Si cela se reproduit, je préviendrai la police. Si elle refuse de venir, je téléphonerai à un organisme de protection de l'enfance.
6. ***Vous arrive-t-il souvent de recourir à la dévalorisation ?***
   Je ne prête généralement pas attention à la manière dont les adultes s'occupent des enfants. Je pense cependant qu'ils doivent les protéger. La prochaine fois, j'utiliserai le « brainstorming » pour imaginer d'autres solutions. Si je ne dis rien ce ne sera pas par faiblesse mais parce que j'aurai décidé que c'est la seule chose à faire.
7. ***Prenez une nouvelle décision.***
   Les adultes doivent veiller sur les enfants et c'est ce que je ferai.

Si vous vous êtes reconnu(e) dans l'histoire de Virginia, acceptez-le sans honte. Ne soyez pas trop dur(e) avec vous-même car c'est le meilleur moyen de ne pas progresser. Nous avons tous appris à utiliser la dévalorisation quand nous étions enfant. Nous avons ainsi pris l'habitude dès cette époque de prétendre que, quand quelque chose n'allait pas ou que nous souffrions, rien n'avait d'importance y compris notre peine. Cependant, on finit un jour par payer très cher le fait de vouloir ignorer la réalité.

Comment utilisons-nous la dévalorisation ?

Pour dévaloriser les informations, les situations ou les problèmes, pour les ignorer ou les transformer, nous utilisons une « pensée amplificatrice » : nous les faisons paraître « beaucoup plus grands » ou « beaucoup plus petits » qu'ils ne sont en réalité pour justifier notre dénégation. Nous les minimisons ou nous les exagérons en employant des expressions telles que « toujours », « jamais », « pour toute la vie », « je te l'ai déjà dit cent fois » ou « sans importance ».

Quand nous amplifions les problèmes et les situations pour mieux les dévaloriser, nous essayons en fait d'éviter de prendre nos responsabilités et de les faire endosser par quelqu'un d'autre. Rollo May[1] définit le pouvoir comme étant la capacité de garder ce que nous souhaitons conserver et de changer ce que nous voulons modifier. Lorsque nous utilisons la dévalorisation, nous nous négligeons et nous nous interdisons de bien prendre soin de nos enfants. Nous renonçons au pouvoir.

Quels sont les quatre niveaux de dévalorisation ?

Nous pouvons en apprendre beaucoup sur la manière dont nous nous servons de la dévalorisation en observant les « méthodes » que les autres utilisent. Nous vous les présentons ici sous forme de niveaux de dépréciation. Elles sont par ailleurs décrites dans l'ouvrage de Jacqui Lee Schiff[2] et coll.

Niveau 1 : Dénégation de l'***existence*** même du problème ou de la situation : « Il n'y a aucun problème. »

Niveau 2 : Dévalorisation de l'***importance*** du problème : « Ce n'est pas bien grave. »

Niveau 3 : Dévalorisation des ***possibilités de résolution*** du problème : « On ne peut rien y faire. »

Niveau 4 : Dépréciation de ***vos propres capacités*** : « Je n'y peux rien » ou « Leurs besoins sont importants, pas les miens. »

Quel que soit le niveau de dépréciation auquel nous avons recours, c'est toujours la situation, les autres et nous-même que nous dévalorisons. Il peut être cependant utile pour notre réflexion de considérer que chaque niveau est davantage centré sur l'un ou l'autre de ces aspects. Les niveaux 1 et 2 dévalorisent la situation ; le niveau 3 déprécie nos propres capacités de résoudre le problème ainsi que celles des autres ; le niveau 4 est une autodévalorisation : nous déprécions nos besoins et notre aptitude à agir, d'une façon plus générale.

Lorsque nous n'avons pas recours à la dévalorisation et que nous tenons compte de la situation, des autres et de nous-même, nous nous conduisons alors d'une manière responsable, énergique et positive pour chacun d'entre nous.

Dans les trois situations que nous allons vous présenter, nous vous proposons d'une part des exemples illustrant les quatre niveaux de dépréciation, et, d'autre part un exemple de réponse positive et valorisante.

Si vous découvrez une de vos attitudes parmi les exemples de dévalorisation, notez-la et continuez votre lecture. Si vous ne parvenez pas à cesser de vous critiquer, lisez l'ouvrage de Richard D. Carson intitulé ***Taming Your Gremlin : A Guide to Enjoying Yourself.*** Vous pourrez ensuite voir quels sont les changements que vous devez ou que vous souhaitez faire.

La famille se réunit avant les funérailles d'un grand-parent

Niveau 1 : « Salut à tous ! Quoi de neuf ? » (Il n'y a aucun problème.)

Niveau 2 : « Tu ne pouvais pas t'attendre à ce qu'il soit éternel, non ? » (Ce n'est pas sérieux.)

Niveau 3 : « Personne ne peut soulager le chagrin des autres. Nous sommes tous seuls. » (Il n'existe aucune solution.)

Niveau 4 : « Je devrais pouvoir aider ma famille à traverser ce mauvais moment, mais je ne sais pas comment. » (Je n'ai aucun pouvoir.)

Réponse positive : « Je suis content(e) que tu sois là. La mort de grand-père me fait beaucoup de peine et j'ai du mal à y croire. Comment te sens-tu ? »

Le chien vient de mourir. Un des membres de la famille dit à l'enfant :

Niveau 1 : « Arrête un peu de pleurer ! Ce n'était pas un être humain, tu sais. » (Il n'y a aucun problème.)

Niveau 2 : « Écoute, un chien n'est qu'un chien. Je vais t'en acheter un autre. » (Ce n'est pas sérieux.)

Niveau 3 : « On ne peut pas aider un enfant à se consoler de la mort de son animal favori. » (Il n'existe aucune solution.)

Niveau 4 : « Je sais que tu es triste. Mais qu'est-ce que je peux y faire ? » (Je n'ai aucun pouvoir.)

Réponse positive : « Je suis triste que le chien soit mort. Que ressens-tu ? Si tu veux que je t'aide à préparer son enterrement, dis-le moi. » (Le/la rassure.)

Un(e) ami(e) espère obtenir une promotion. Je lui dis :

Niveau 1 : « Écoute, il y a des gens qui n'ont même pas de travail ! » (Il n'y a aucun problème.)

Niveau 2 : « Si tu ne l'obtiens pas, tu n'en mourras pas. » (Ce n'est pas sérieux.)

Niveau 3 : « De toute façon, on ne sait pas comment ces promotions sont décidées. » (Il n'existe aucune solution.)

Niveau 4 : « Je n'ai aucun moyen de t'aider. » (Je n'ai aucun pouvoir.)

Réponse positive : « J'espère que tu réussiras à obtenir cette promotion. Est-ce que je peux faire quelque chose pour t'aider à l'obtenir ? »

Petit exercice

Pour vous entraîner à reconnaître les quatre niveaux de dévalorisation et les réponses positives, lisez les trois exemples suivants. Réfléchissez à chaque phrase et remplissez les espaces libres par la bonne réponse. Nous vous aidons un peu ici : La phrase n° 1 correspond à « Il n'y a aucun problème » ; la n° 2 à « Ce n'est pas sérieux » ; la n° 3 à « Il n'existe aucune solution » ; la n° 4 à « Je n'ai aucun pouvoir » et la n° 5 correspond à la réponse positive.

Un(e) adolescent(e) se plaint parce qu'aucun camarade ne lui a proposé de l'accompagner à la soirée de vendredi. Un des membres de la famille lui dit :

1. « Ça suffit ! Je ne veux plus t'écouter ! »

   ____

2. « Ce n'est pas la soirée de l'école, alors ne te mets pas dans des états pareils ! »

   ____

3. « Il est trop tard pour que quelqu'un t'invite. »

   ____

4. « Je ne sais pas comment t'aider. »

   ____

5. « Je t'aime. Je suis désolé(e) que personne ne t'ait invité(e). Voudrais-tu proposer à un(e) camarade de venir coucher à la maison vendredi soir ? »

   ____

Un(e) adolescent(e) voudrait être invité(e) par un camarade du sexe opposé. Il/elle ne l'est pas. Il/elle se dit :

1. « Je m'en fiche. » ______________________________
2. « De toute façon, cette soirée sera ennuyeuse. »

   ____

3. « Si on ne t'invite pas, alors personne ne peut rien faire pour toi. »______________________________
4. « Je ne serai jamais invité(e). »

   ____

5. « Je veux aller à cette soirée. Je vais essayer trois autres méthodes pour obtenir que quelqu'un m'accompagne. Si je n'y arrive pas, je proposerai à un(e) ami(e) d'aller au cinéma avec moi. »

   ____

« J'ai entendu dire que le mari d'une amie couche avec d'autres femmes. J'ai peur qu'il lui transmette le SIDA. » Je me dis :

1. « Ce sont les autres qui attrapent le SIDA. Pas mes ami(e)s. » ______________________________
2. « La personne qui m'a prévenu(e) de l'infidélité du mari de mon amie est connue pour ses commérages. Ce n'est pas bien grave qu'il ait été vu en compagnie d'autres femmes. »

   ____

3. « C'est leur vie de couple. Cela ne me regarde pas. » ______________________________

4. « Je ne veux pas perdre une amie. Et puis, de toute façon je ne saurais pas quoi lui dire. »

____

5. « C'est quelque chose de très important. Il y va de sa vie. Je vais vérifier ce que l'on m'a dit. Si c'est vrai, j'essaierai de parler à mon amie calmement quand je la sentirai prête à entendre cela. Je supporte mal l'idée que je la perdrai peut-être mais je ne me le pardonnerai jamais si elle attrape le SIDA, parce que je connais les risques qu'elle court et pas elle. » ______________________________

Déterminez les différents niveaux de dévalorisation

Pour vous entraîner à reconnaître les quatre niveaux de dévalorisation et les réponses positives, déterminez à quel niveau appartient chaque énoncé dans les situations proposées ci-dessous.

Avant de commencer, rappelez-vous que le niveau de dépréciation peut changer en fonction de la manière de parler, du ton de la voix et des mimiques. L'impression d'être dévalorisé est plus intense et plus fréquente chez les personnes dont l'enfance a été marquée par de nombreuses promesses non-tenues. Les phrases que nous vous proposons sont des exemples. Vous pouvez les réécrire si vous le souhaitez.

Nous vous rappelons à quoi renvoie chaque niveau :

1. Dénie l'existence même du problème ou de la situation.
2. Dévalorise l'importance du problème.

3. Dévalorise les possibilités de résolution du problème.
4. Déprécie vos propres capacités.

R.P. Réponse positive et valorisante : elle tient compte de la situation, des autres et de nous-mêmes.

Écrivez votre réponse à la suite de chaque énoncé. Comparez-la ensuite à celle des auteurs.

---

1. Un petit garçon de deux ans se précipite sur la chaussée d'une rue très animée. Un des parents :

- Se dit : « Je l'ai averti cent fois et il ne fait toujours pas attention aux voitures ! Qu'est-ce que je peux faire ? » ______
- Ne surveille pas l'enfant et ne remarque pas qu'il est sur la chaussée. ______
- Court après l'enfant, le retient et lui dit fermement : « Tu dois rester sur le trottoir ! Tu ne peux traverser qu'avec une grande personne. » Il/elle suit l'enfant du regard. ______
- Pense : « Personne ne peut empêcher un enfant de cet âge-là de courir dans la rue. » ______
- Pense : « En général, les voitures ne vont pas très vite dans cette rue. Elles auront sûrement le temps de le voir. » ______

Réponses : 4 - 1 - R.P. - 3 - 2

2. Une adolescente conduit à 120 km/heure sur une petite route. Trois de ses amis et un de ses parents se trouvent dans la voiture. L'adulte :

- Pense : « Il n'y a jamais de policier sur la route quand on en a besoin. » ______
- Pense : « C'est elle qui conduit. Je ne me sens pas le droit de lui faire une réflexion devant ses amis. Elle serait très vexée. » ______
- Ne s'en aperçoit pas. ______
- Lui dit très nettement : « Ralentis et ne dépasse plus la vitesse autorisée ou je prends le volant. » Si l'adolescente ne décélère pas, l'adulte lui demande de s'arrêter et prend sa place. De retour à la maison, il établit des règles strictes concernant la conduite de la voiture. ______
- Pense : « Je crois que tous les jeunes vont trop vite. » ______

Réponses : 3 - 4 - 1 - R.P. - 2

3. Mon bien-aimé/ma bien-aimée me dit : « Je voudrais que tu passes plus de temps à te distraire avec moi. » Je lui réponds :

- « Nous passons beaucoup de temps ensemble et nous nous divertissons suffisamment. » ______
- « D'accord. Voyons ce que nous pouvons faire. » ______
- « La plupart des couples éprouvent de la difficulté à trouver le temps de se distraire. » ______
- « OK ! Je te raconterai une blague par semaine. » ______
- « Je suis complètement débordé jusqu'à la fin du mois. » ______

Réponses : 1 - R.P. - 3 - 2 - 4

4. Mon mari/ma femme est à l'hôpital depuis longtemps. Je passe beaucoup de temps sur les routes. Je me demande comment les enfants vivent cette situation. Je dis :

– « J'essaie d'être avec les enfants le plus possible quand je rentre à la maison. Je recherche un emploi à domicile. J'ai le meilleur système possible d'aide à la maison. J'ai demandé à ma sœur de venir voir les enfants plus souvent. Je surveille leur comportement et les encourage à parler de ce qu'ils ressentent. » ______

– « On ne peut rien y faire. » ______

– « Des enfants de sept et neuf ans sont suffisamment grands pour prendre soin d'eux-mêmes. » ______

– « Ils ne se plaignent pas. » ______

– « Écoutez, ce n'est pas ce que j'avais prévu. » ______

Réponses : R.P. - 3 - 2 - 1 - 4

5. Un(e) enfant pleure. Un adulte répond :

– « Qu'est-ce qui se passe ? Est-ce que je peux t'aider ? » ______

– « Je ne l'entends pas. » ______

– « J'aime les enfants quand ils sourient. Je ne sais vraiment pas quoi faire quand ils pleurent. » ______

– « Tous les enfants pleurent. » ______

– « Écoute, si un enfant a envie de pleurer, tu ne peux rien y faire. » ______

Réponses : R.P. - 1 - 4 - 2 - 3

6. Mon fils est très pieux. Il est borné quand il s'agit des principes de sa religion. On ne peut pas discuter avec lui parce qu'il croit que son Église a toujours raison. Il critique durement les convictions des autres membres de la famille. Je dis :

– « Je ne peux pas lutter contre son Église. » ______

– « Il est très croyant et c'est le principal. » ______

– « J'écouterai attentivement ses arguments religieux et lui demanderai ensuite d'écouter mon point de vue. S'il se moque et méprise mes convictions, je le prierai d'arrêter et changerai de sujet de conversation. » ______

– « Le jour où ce genre d'Église leur met la main dessus, c'est terminé ! » ______

– « Il est déjà passé par ce genre de phases. » ______

Réponses : 4 - 1 - R.P. - 3 - 2

7. Vous dites que les gens sont censés demander ce dont ils ont besoin. Je vous réponds :

– « Si je dois demander ce qu'il me faut, cela ne compte pas. » ______

– « Les autres devraient savoir ce dont j'ai besoin. » ______

– « Je sais que c'est irréaliste de croire que les autres savent ce que je veux. Je continuerai à demander ce qu'il me faut jusqu'à ce que je rencontre quelqu'un qui m'aide à l'obtenir. » ______

– « Je n'ai aucun besoin. » ______

– « J'ai des besoins mais je n'en meurs pas. » ______

Réponses : 4 - 3 - R.P. - 1 - 2

8. Ma femme a reçu deux citations à comparaître pour conduite en état d'ivresse. Elle a aussi des problèmes à son travail. Je dis :

– « Au moins, elle boit à la maison et ne sort pas chaque soir pour se soûler. » ______

– « Je vais continuer à la couvrir. » ______

– « Il est plus difficile de soigner les femmes que les hommes. » ______

– « Dieu merci, elle ne me pose pas de problème, à moi. » ______

– « Je vais cesser de l'excuser. Dès aujourd'hui, je chercherai un moyen de nous faire aider : elle, les enfants et moi. » ______

Réponses : 2 - 4 - 3 - 1 - R.P.

9. Ma fille semble prêter beaucoup plus d'attention à ce que son petit ami veut qu'à ce qu'elle désire, elle. Elle l'observe pour savoir ce qu'il ressent et le rassure fréquemment. Il a l'air d'apprécier cela mais n'est pas particulièrement gentil avec elle. Je dis :

– « Je m'entends bien avec lui. » ______

– « Je ferai part à ma fille de ce que j'ai observé chez elle et lui dirai combien cela me préoccupe. Je lui conseillerai de lire un livre sur la codépendance ou de se joindre à un groupe de femmes pour avoir un autre point de vue. Je l'aime trop pour me taire. J'aurais souhaité que mes parents m'apprennent à attendre des autres autant d'attention que ce que je suis prêt(e) à donner. » ______

– « Si je le lui dis, elle se fâchera et peut-être qu'elle ne voudra plus me voir. » ______

– De quel droit lui dirais-je quoi que ce soit ? Je me suis moi-même comporté(e) comme cela jusqu'à il y a deux ans. » ______

– « C'est ce que les femmes doivent faire. » ______

Réponses : 1 - R.P. - 3 - 4 - 2

10. Mon fils, adolescent, se drogue. Je dis :

– « Il fume un joint de temps en temps, c'est tout. » ______

– « Je lui rappellerai que l'usage de la drogue est interdit par la loi et que c'est dangereux pour sa santé. Je lui dirai qu'il doit arrêter d'en prendre. Je sais bien que je ne peux rien décider à sa place. J'essaierai néanmoins de trouver une aide pour lui et pour moi. Je ferai les changements nécessaires dans ma vie et modifierai ma façon de me comporter vis-à-vis de lui. » ______

– « Je ne sais pas quoi faire, mais j'aimerais bien qu'il retourne dans le droit chemin. » ______

– « Non, il ne se drogue pas. » ______

– « C'est à cause de ces mauvais amis avec lesquels il traîne. » ______

Réponses : 2 - R.P. - 4 - 1 - 3

11. Mon bien-aimé/ma bien-aimée me demande : « Est-ce que tu m'aimes ? » Je lui réponds :

– « Ne m'embarrasse pas ! » ______

– « Oui (caresses et baisers), je suis heureux(se) de vivre avec toi. Je veux continuer à t'aimer et à grandir auprès de toi, pour le restant de mes jours. » ______

– « Je t'ai offert un présent pour la Saint-Valentin. Cela devrait te suffire. » ______

– « Au fait, as-tu payé la facture d'électricité ? » ______

– « Il est impossible de convaincre les autres que tu les aimes vraiment. » ______

Réponses : 4 - R.P. - 2 - 1- 3

12. Mon mari/ma femme porte sur notre enfant un regard incestueux. Ils passent tous deux beaucoup de temps sans moi. Je dis :

– « La situation me met mal à l'aise mais je préfère l'ignorer et ne rien dire. » ______

– « On ne peut pas contrôler ce que font les autres quand ils sont seuls. » ______

– « Je suis injuste de douter de lui/d'elle comme cela. De toute façon, je n'oserai jamais lui en parler. » ______

– « Je ne dois pas oublier que c'est l'adulte qui est responsable. Je dois donc parler à mon mari/à ma femme. Je vais dès maintenant consulter un spécialiste. Si nécessaire, je téléphonerai à un organisme de protection de l'enfance. »

______

– « Les parents sont censés passer du temps avec leurs enfants, les regarder et les toucher. » ______

Réponses : 1 - 3 - 4 - R.P. - 2

13. Un(e) ami(e) me dit : « Je veux te raconter la nouvelle idée géniale que j'ai eue. » Je lui réponds :

– « En général, je ne comprends pas tes idées géniales. »

______

– « Écoute, je suis très occupé(e) en ce moment, mais je tiens à connaître ta nouvelle idée. Est-ce que tu peux attendre jusqu'à ce soir pour me la dire ? » ______

– « Je l'écouterai s'il n'y a rien d'autre à faire. » ______

– « On n'a jamais assez de temps pour bavarder, n'est-ce pas ? » ______

– « J'ai envie d'aller au cinéma ce soir. Tu veux venir avec moi ? » ______

Réponses : 4 - R.P. - 2 -3 - 1

Rappelez-vous que notre tâche n'est pas de nous culpabiliser pour avoir utilisé la dévalorisation. Nous devons apprendre à la reconnaître et à cesser de nous en servir.

Comment cesser de se dévaloriser et s'accorder les pleins pouvoirs

Lorsque vous avez lu les exemples illustrant les différents niveaux de dévalorisation, peut-être vous êtes-vous rendu compte que vous aviez recours à la dépréciation à des moments particuliers. Servez-vous de l'exercice qui va suivre pour arrêter de l'utiliser et pour entreprendre de satisfaire vos besoins et ceux de vos enfants.

- Réfléchissez à ce que vous avez fait récemment et rappelez-vous de deux ou trois séquences où vous avez employé la dévalorisation.
- Sélectionnez une de ces séquences pour l'exercice que nous vous proposons. Choisissez la plus petite, la moins angoissante. Rappelez-vous que nous utilisons la dévalorisation quand nous voulons défendre d'anciennes convictions. Celles-ci nous ont été précieuses à une époque, mais elles ont aujourd'hui besoin d'être remaniées. Soyez plus tendre avec vous-même. Relevez vos erreurs mais ne

vous blâmez pas. Nous cherchons ici à nous connaître, pas à nous accabler.

Décrivez la séquence choisie. Pour déterminer à quel niveau de dévalorisation vous avez eu recours, posez-vous les questions suivantes :

> ***Niveau 1 :*** Est-ce que je fais en sorte d'ignorer un problème réel ?
>
> ***Niveau 2 :*** Est-ce que je fais comme si ce problème n'était pas important alors qu'il l'est peut-être, ou, au contraire, est-ce que j'exagère ?
>
> ***Niveau 3 :*** Est-ce que je pars du principe que ce problème n'est pas soluble, alors qu'il a sans doute plusieurs issues et que je n'ai même pas cherché à me faire aider pour les trouver ?
>
> ***Niveau 4 :*** Suis-je en train de le refouler par peur des implications en cas de résolution ?

- Déterminez votre niveau de dévalorisation.
- Imaginez toutes les actions positives et valorisantes que vous auriez pu entreprendre.
- Voyez quelle réaction serait la plus adaptée. Décidez de la manière dont vous agirez si vous vous trouvez à nouveau dans la même situation. Pouvez-vous vous amender dès maintenant ?
- Si vous remarquez que vous avez recours au quatrième niveau de dévalorisation (« Je ne peux rien faire »), rappelez-vous que l'on peut toujours faire quelque chose. Imaginez quatre actions que vous pourriez entreprendre puis choisissez-en une et accomplissez-la.

Si vous vous surprenez en train d'utiliser le troisième niveau de dévalorisation (« Il n'y a pas de solution » ou « Il existe aucune autre possibilité »), dépêchez-vous de vous faire aider. Consultez les pages jaunes de l'annuaire, un(e) ami(e), un thérapeute, un prêtre ou un livre pour obtenir davantage d'informations et pour découvrir de nouvelles alternatives.

Si vous avez souvent tendance à vous servir du premier et du deuxième niveau de dévalorisation, tenez-en compte. Ceci témoigne de ce qu'un jour vous avez dû prendre la décision d'ignorer certaines informations et certains sentiments pour pouvoir survivre. Félicitez-vous d'avoir su vous protéger contre quelque chose qui, à ce moment-là, était trop difficile à gérer. Seulement, aujourd'hui, cette attitude vous crée des problèmes. Cherchez de l'aide auprès d'un conseiller thérapeutique, d'un prêtre ou d'un groupe de soutien afin d'apprendre à appréhender les situations telles qu'elles sont et à agir en conséquence. (Lisez « Comment trouver un groupe de soutien ou un thérapeute », appendice B.3). En attendant :

- Entraînez-vous à donner des réponses positives et valorisantes, à ressentir et à observer ce qui se passe réellement au lieu de prendre vos désirs pour des réalités.
- Repensez aux différentes attitudes structurales. À chaque fois que vous recourez aux attitudes Rigide, Guimauve, Critique ou Absente, vous usez de la dévalorisation à un niveau ou à un autre. En revanche, si vous appliquez des règles négociables ou non-négociables, vous devenez plus solide et plus fort, vous vous donnez les pleins pouvoirs !
- Réfléchissez aux attitudes qui concernent la nourriture affective que les parents prodiguent à leurs enfants. Lorsque votre attitude est Brutale, Menaçante, Indulgente ou Négligente, il y a dévalorisation. Par contre, lorsque vous avez recours à l'Autorité Attentive ou au Soutien Attentif, vous vous comportez de manière positive et votre empire sur vous-même et sur les autres grandit.
- Affirmez-vous.

- Affligez-vous des blessures reçues qui vous ont amené à vous servir de la dévalorisation. Faites-vous aider.
- Cherchez de nouvelles informations, prenez de nouvelles décisions, construisez-vous une image différente de vous-même qui puisse vous aider à acquérir autorité et soutien.
- Déterminez les moments au cours desquels vous tenez vraiment compte de vous-même, des autres et de la situation. Continuez à développer votre potentiel !

CHAPITRE 6

Arrêtez de vous dévaloriser !

Il existe de nombreuses manières de rabaisser les gens. Qui parmi nous n'a jamais subi les rires moqueurs ou les sarcasmes des autres ? La Brutalité et l'Absence dévalorisent aussi ceux qui les endurent. Apprenons à reconnaître les différentes « techniques » de dépréciation afin de remplacer celle-ci par l'amour. Découvrons les décisions anciennes qui se trouvent à la base de cette attitude et essayons de nous dégager de ce cercle vicieux pour vivre mieux !

Le rire

Le rire peut hâter une guérison, mais il peut aussi l'empêcher. Norman Cousins raconte dans son ouvrage[3] comment il s'en est servi pour se remettre d'une grave maladie. Rire à une plaisanterie qui ne blesse personne, nous permet de développer notre estime de soi et de nous sentir heureux et bien intégré à un groupe. En voici un exemple : Charlie a offert des fleurs à sa femme pour son anniversaire une semaine trop tôt. Ginny et les enfants ont bien ri avec lui de son « erreur ».

Mais le rire, lorsqu'il exclut une personne du groupe, entraîne aliénation, dévalorisation et coupure. Lisez l'exemple suivant et imaginez ce que ressent la victime de l'hilarité générale en fonction des différents niveaux de dépréciation.

Vous avez glissé et vous vous êtes cassé le coccyx. La douleur est intense.

Attitudes dévalorisantes :

Niveau 1 : « Ah ! Ah ! Ah ! » (Il n'y a aucun problème.)

Niveau 2 : « Ah ! Ah ! Tu as fait une chute spectaculaire ! » (Ce n'est pas sérieux.)

Niveau 3 : « Ah ! Ah ! À chaque fois qu'il gèle, c'est la même chose : quelqu'un se casse la figure ! » (Il n'existe aucune solution.)

Niveau 4 : « Je suis bien content que ce ne soit pas moi qui soit tombé ! Ah ! Ah ! » (Je n'ai aucun pouvoir.)

Comparez ces phrases à la réponse positive suivante : « Est-ce que tu t'es fait mal ? Est-ce que je peux t'aider ? »

Un rire, même nerveux, n'est jamais une réponse adaptée, face à la souffrance de quelqu'un.

On croit parfois à tort que se moquer de son chagrin ou de sa douleur témoigne de ce que l'on a « le sens de l'humour ». Rire à ses dépens ou à ceux des autres n'est jamais de l'humour : c'est destructeur. Sourire de son propre désarroi l'est aussi. Nous pouvons parfois rire de la condition humaine quand nous réfléchissons à nos erreurs passées. Ce rire ne vient qu'après les phases de colère, de tristesse, d'affliction et d'acceptation du fait que nous ne sommes pas parfaits.

Le rire des parents

Ridiculiser quelqu'un est une chose particulièrement cruelle parce que cela dévalorise à la fois la personne et la situation qu'elle vit. C'est une forme de mauvais traitement.

Le rire sarcastique de parents peut ainsi résonner pendant longtemps aux oreilles de leur enfant. Plus tard, ce rire à nouveau entendu rappellera à l'enfant devenu adulte, ces messages qu'il véhiculait autrefois : « Tu n'es pas important. Ne t'avise pas de t'approcher de moi ou de qui que ce soit. » Ce genre de raillerie donne des enfants timides, renfermés, rebelles. Ils se forgent des convictions et des attitudes nocives pour eux comme pour les autres. À cause de ces sarcasmes, ils se persuadent que l'amour et la confiance mutuelle sont rares et peu fiables au sein d'une famille. Avant de rire des mésaventures d'un enfant parce qu'elles vous semblent drôles, arrêtez-vous un instant et demandez-vous : « Est-ce qu'il trouve la situation amusante ou, au contraire, est-ce qu'il en souffre ? » Attendez de voir si l'enfant en rit lui-même. Si l'incident n'est vraiment pas grave, vous pourrez en plaisanter ensemble.

Les enfants qui rient quand ils ont mal

Être la risée des autres est particulièrement destructeur pour les enfants. C'est à la suite d'expériences semblables qu'ils apprennent à rire de leurs malheurs, dans l'espoir d'être ainsi intégrés au groupe ou à leur famille.

Si vous remarquez qu'un enfant se met à rire « automatiquement » alors qu'il vient de se faire mal ou qu'il a de la peine, réagissez et faites le point. A-t-il déjà appris qu'il doit rire de ses peines ? Si c'est le cas, il est probable qu'il ne se soignera pas et ne se protégera pas parce qu'il aura été habitué à ne pas tenir compte du signal d'alarme que constituent la douleur et le chagrin.

Que pouvons-nous faire pour enseigner à nos enfants à ne pas se moquer de leur souffrance parce qu'à travers cette attitude ils se dévalorisent et se détruisent ?

- Cessez de rire de vos contrariétés, de vos malheurs et de ceux des autres. Ne vous amusez pas des comportements cruels ou destructeurs de certaines personnes.

- Dites avec tendresse à vos enfants : « Cela ne me semble pas drôle du tout » ou « Si on parlait réellement de ton problème, de ton chagrin ou des mésaventures qui te sont arrivées au lieu d'en rire ? » ou « Je n'aime pas que tu ries quand tu as mal » ou « S'il te plaît, ne ris pas comme cela. »

Si votre enfant joue dans un groupe où on attend de lui qu'il rie quand il s'est fait mal, réagissez. Dites aux autres enfants d'arrêter de s'esclaffer et gagnez les adultes à votre cause. Changez votre enfant de groupe de jeu, de crèche ou d'école maternelle... Déménagez si c'est le seul moyen d'éviter qu'il prenne l'habitude de rire quand il souffre.

Si vous remarquez que votre enfant, un(e) adolescent(e) s'amuse à ridiculiser les autres ou lui-même/elle-même, montrez-lui que c'est quelque chose de fréquent chez les jeunes de son âge. Expliquez-lui que c'est destructeur pour tout le monde. Dites-lui que vous espérez qu'il/elle se défera rapidement de cette attitude et qu'en tout cas vous n'accepterez pas qu'il/elle se conduise ainsi à la maison.

Si, malgré les limites claires que vous avez posées avec amour, votre enfant continue à rire de ses peines ou des erreurs qu'il a commises, entendez cela comme un signal. Il indique que votre enfant a repris à son compte les dévalorisations dont il a été l'objet et qu'il se dévalorise désormais lui-même. Proposez-lui de se faire aider par un thérapeute avant qu'il ne soit entraîné dans des difficultés encore plus grandes.

Le « rire du pendu »

Quand on sourit de ses mésaventures ou de sa peine, on sourit en fait de sa propre destruction. C'est pourquoi, Eric Berne[4], le père de l'Analyse Transactionnelle, appelle cela « le rire du pendu ». Ce terme a pour origine une pratique à laquelle se livraient certains condamnés à mort, à Londres au XVIIIe siècle. Ils lançaient une plaisanterie au moment où on leur passait la corde au cou pour mourir le sourire aux lèvres et afin que la foule rie quand ils succomberaient.

Aussi affreux que cela puisse paraître, beaucoup d'entre nous sourient de leurs malheurs et de leurs mésaventures.

Ces sourires sont le signal que nous venons de revivre un passé où nos besoins n'étaient jamais comblés, quoi que nous fassions, ce qui nous a poussés à les dévaloriser.

Ces sourires sont le signal que nous continuons à négliger nos besoins et à les dévaloriser.

Dans le passé, la situation était telle que nous devions l'accepter. Il est compréhensible que nous ayons alors pris les décisions qui nous permettaient de survivre et de grandir.

Mais si, des années plus tard, nous continuons de sourire de nos difficultés et de nos peines, ce qui nous empêche d'être des êtres responsables, alors nous devons réagir. Ne pas nous cramponner à des résolutions anciennes. Nous devons cesser de rire de nos malheurs et entreprendre de les soulager.

Pour savoir si vous utilisez le « rire du pendu », demandez à un(e) ami(e) de vous prévenir si il/elle vous voit rire ou sourire à quelque chose de douloureux pour vous. Choisissez quelqu'un de bienveillant qui ne saisira pas cette occasion pour vous déstabiliser. Si vous n'avez pas de personne de confiance dans votre entourage, demandez à un conseiller ou à un thérapeute de vous aider dans cette tâche.

Parlez de ce qui est important pour vous dans votre vie et dans votre famille. Votre ami(e) ou votre conseiller pourra vous dire si vous souriez quand vous évoquez ce qui vous fait de la peine. Si c'est le cas, comprenez ce sourire comme un signal témoignant que vous êtes en train de vous dévaloriser. Vous ne l'accepterez peut-être pas dans un premier temps. Vous serez en colère ou vous vous sentirez gêné d'avoir adopté cette attitude. Rappelez-vous que « le rire du pendu » est un acte inconscient. Vous en êtes désormais conscient, alors remédiez à la situation !

Le « rire du pendu » ? Pas moi !

Si votre ami(e) ou votre conseiller vous a signalé « un rire du pendu » et si vous n'avez pas voulu le reconnaître, comparez la réponse que vous avez eue aux exemples ci-dessous illustrant les différents niveaux de dévalorisation.

Votre ami(e) ou votre conseiller vous dit : « Vous m'avez demandé de vous dire si vous souriiez quand vous relatiez une expérience douloureuse ou un de vos échecs. Vous êtes-vous aperçu que vous aviez souri en évoquant votre échec à votre examen ?

Niveau 1 : « Je n'ai pas souri. » (Il n'y a aucun problème.)

Niveau 2 : « Pourquoi faites-vous tant d'histoires pour un simple sourire ? » (Ce n'est pas sérieux.)

Niveau 3 : « Tout le monde rit de ce genre de choses. Personne ne tient à voir un adulte pleurer. » (Il n'existe aucune solution.)

Niveau 4 : « Je ne peux pas m'en empêcher. Parfois ma bouche sourit toute seule. » (Je n'ai aucun pouvoir.)

Filmez-vous puis regardez-vous au magnétoscope. C'est le meilleur moyen pour repérer ses « rires du pendu ». Si vous ne disposez pas du matériel nécessaire à cette expérience, posez vos doigts à chaque extrémité de votre bouche. Vous pourrez ainsi « toucher du doigt » votre sourire. Répétez ce que vous avez dit lorsque vous souriiez. Si vous sentez vos muscles se tendre pour esquisser un sourire, appuyez fermement sur vos lèvres pour l'empêcher et répétez ce que vous avez dit. Vous remarquerez dès lors que vous cesserez de dénigrer votre tristesse, vos craintes, votre colère et tout ce que vous aviez l'habitude de dévaloriser. Vous êtes désormais prêt(e) à panser la blessure que vous tentiez de dissimuler derrière des sourires.

Au fur et à mesure que vous apprendrez à ne plus vous moquer de vous-même et à ne plus ridiculiser les autres, vous vous créerez de multiples occasions de rire joyeusement et positivement.

Les taquineries

Les taquineries comme le rire peuvent engendrer estime et intimité ou, être, au contraire, tout à fait dévalorisantes. Taquiner, selon la plupart des définitions, c'est provoquer, déranger, perturber ou ridiculiser l'autre. Quand elles sont utilisées dans ce sens, les taquineries constituent bien souvent un moyen de nous faire valoir aux dépens d'une autre personne. À chaque fois que nous sommes tentés d'agacer quelqu'un d'une manière blessante, arrêtons-nous pour réfléchir à ce que nous pourrions faire de positif à la place. Taquiner un enfant au lieu de lui prodiguer l'amour dont il a besoin, de répondre à ses demandes d'information ou de lui donner des règles saines est quelque chose de particulièrement dommageable pour lui.

La plaisanterie est une autre forme de taquinerie qui, elle, ne fait de mal à personne parce que règne alors un climat de sécurité et de confiance mutuelle. Le message véhiculé est : « Je t'aime bien. J'ai envie de rire avec toi (et non à tes dépens). Voici un moyen amusant de te dire que je tiens à toi ou que je t'ai remarqué. » Ces jeux sont amicaux voire tendres. Faites attention néanmoins : les personnes qui ont grandi sous les sarcasmes des autres ne comprennent pas toujours ce genre de plaisanteries, même si elles prétendent les trouver drôles. Prudence aussi avec les enfants de moins de six ans. Ils sont à un stade de développement particulier : leur travail principal est de séparer réalité et imaginaire et ils peuvent ne pas saisir qu'il s'agit d'un jeu amical. À moins qu'on ne leur donne suffisamment d'indices, clins d'œil, grands sourires, petits rituels qui prouvent que « c'est pour rire » et non pour ridiculiser. Voici comment le père de Benjamin s'y prend :

Benjamin, âgé de quatre ans, se précipite vers son père qui regarde la télévision, se campe devant lui et lui dit : « Moi, j'ai mangé un cornet de crème glacée ! »

Son père lui répond d'un air interrogateur : « Ah, oui ? »

Benjamin, sérieusement : « Oui ! »

Son père lui demande : « Et moi, est-ce que tu m'en as apporté un ? »

Benjamin s'exclame : « Non ! »

Son père saute sur ses pieds et s'écrie en chantonnant : « Comment as-tu pu me faire une chose pareille, petit chenapan ? Tu sais que j'adore les cornets de crème glacée ! Qu'est-ce que je pourrais bien te faire... »

Benjamin, enchanté, hurle : « Bats-toi avec moi ! »

Ils se roulent alors sur le tapis et luttent pour « rire ».

Voici ce qui a permis à ce jeu d'être positif :

- L'enfant en a pris l'initiative.
- Son père a accepté d'être dérangé.
- Il a prêté attention au fait que Benjamin voulait jouer avec lui.
- Il a exagéré ses mouvements en sautant en l'air et en s'exclamant d'une manière particulière et ritualisée.
- Benjamin et son père ont terminé cet échange par un contact physique positif et en riant de bon cœur.

Les sarcasmes et le ridicule

Les sarcasmes et le ridicule dévalorisent la personne qui en est la cible. Son Moi profond est alors touché. Ces railleries invitent l'auditoire à rire avec dédain et transmettent à la victime de la risée générale le message suivant : « Tu n'es pas important et tes besoins ne comptent pas. » Ces moqueries sont difficiles à contrer et laissent leur proie envahie d'un sentiment de honte. Elle se sent stupide et diminuée. C'est la raison pour laquelle on ne doit pas excuser ces formes de dévalorisation en prétendant qu'il s'agit là de plaisanteries amicales.

Les sarcasmes et le ridicule provoquent une réaction rapide de la part des enfants, c'est pourquoi « ces techniques » peuvent momentanément séduire leurs parents. Les sarcasmes amènent effectivement l'enfant à cesser immédiatement de se conduire d'une manière qui déplaît à ses parents. Mais ils engendrent des problèmes que ceux-ci ignorent bien souvent. Ils gênent en effet son développement. En voici un exemple : Karla était assise à l'arrière de la voiture et racontait avec plaisir sa journée d'école à sa mère. Son grand-père qui conduisait dit alors sur un ton méprisant : « Elle est bien bavarde, cette petite ! » Karla n'ouvrit plus la bouche durant tout le trajet, malgré l'insistance de sa mère qui voulait connaître la fin de l'histoire. Il est toujours plus sain de remplacer les sarcasmes par des directives. Dites aux enfants ce que vous attendez d'eux et comment ils doivent le faire. Rappelez-vous que cette technique est aussi valable avec les adultes...

Les moqueries endurcissent-elles les enfants ?

Beaucoup de gens croient que les sarcasmes endurcissent les enfants. Ils pensent que si leurs enfants en font très tôt l'expérience à la maison, ils s'y habitueront et ne seront pas atteints par les moqueries quand ils les subiront ailleurs. C'est une technique apparemment efficace mais qui a cependant des effets dévastateurs à long terme. Les personnes élevées de cette façon auront en effet tendance à se mépriser et à ridiculiser les autres.

Les filles qui sont l'objet de la risée générale parce qu'elles ne sont pas aussi bonnes en mathématiques que les garçons finissent par ne pas s'autoriser à réussir dans ce domaine. Elles deviennent parfois même méfiantes à l'égard des femmes qui, elles, y parviennent. Les garçons tournés en ridicule parce qu'ils sont émotifs apprennent à cacher leurs sentiments et perdent quelquefois leur sensibilité. Les membres de minorités se persécutent mutuellement. Ils s'infligent entre eux ce que leurs oppresseurs leur ont fait endurer. Il existe, par exemple, un jeu auquel se livrent les enfants des rues qui consiste à se jeter à la figure des insultes jusqu'à ce qu'un des joueurs s'effondre et perde la face. Si ce sujet vous intéresse, lisez l'ouvrage de William Grier et Price Cobbs[5].

Il existe des gens qui sont des maîtres en matière de dénigrement : ils se méprisent eux-mêmes et rabaissent aussi leurs pairs.

Ne faudrait-il pas changer une culture qui enseigne aux gens à attendre et à honorer le ridicule, le sarcasme et les autres formes de dévalorisation ?

Les doubles contraintes : des messages qui entraînent des dilemmes

Les doubles contraintes° sont des messages perturbants qui entraînent une confusion chez l'interlocuteur et

° *N.d.T. :* On parle de double contrainte ou encore de double lien (traduction de « double bind »). Pour en savoir davantage, consultez les ouvrages de l'École de Palo Alto, notamment : WATZLAWICK (P.), HELMICK BEAVIN (J.), JACKSON (D.), 1972, *Une logique de la communication*, Paris, Seuil.
BATESON (G.), BIRDWHISTELL (R.), GOFFMAN (E.), HALL (E.T.), JACKSON (D.), SCHEFLEN (A.), SIGMAN (S.), WATZLAWICK (P.), 1981, *La nouvelle communication*, Paris, Seuil.

qui l'immobilisent. Elles dévalorisent celui-ci parce qu'elles transmettent deux informations en même temps, informations qui seraient compréhensibles séparément mais qui deviennent totalement incompatibles si on les considère simultanément. Elles s'excluent en effet mutuellement et sont toutes deux vraies.

Les doubles contraintes emprisonnent l'interlocuteur dans une situation où il ne peut jamais satisfaire la demande qui lui est faite parce qu'elle est contradictoire. Elles le dévalorisent en engendrant un climat de confusion et de douleur plutôt que de réconfort et de joie. Dans « Les enfants d'alcooliques à l'âge adulte », Janet Woititz[6] propose une liste de doubles contraintes que l'on observe souvent dans les familles où l'alcool est consommé avec excès. En voici quelques-unes :

- « Je t'aime. » / « Va-t'en. »
- « Tu es incapable de faire quoi que ce soit de bien. » / « J'ai besoin de toi. »
- « Dis-moi toujours la vérité. » / « Je ne veux rien savoir. »
- « Je serai toujours avec toi. » / « Je te promets d'être là, la prochaine fois. »
- « Tout va bien, ne t'inquiète pas. » / « Comment puis-je gérer tout cela ! »
- « Ce n'est pas bien d'être soûl. » / « Tout ce que fait une personne soûle est bien. »

Si ces messages vous semblent normaux ou si vous souhaitez en apprendre davantage sur les doubles contraintes pour mieux les combattre, utilisez les exercices à la fin du livre. (Lisez « Comment se libérer des doubles contraintes », appendice A.6).

« Je m'occuperai de toi. » / puis, « Je ne m'occupe pas de toi. » est une double contrainte fréquemment transmise aux enfants par leurs parents. Il est facile de dire « Je prendrai soin de toi », en le pensant sincèrement. Mais, si les adultes qui parlent ainsi n'ont pas reçu eux-mêmes suffisamment d'attentions de la part de leurs parents, ils ne sauront peut-être pas comment bien prendre soin de leurs propres enfants. Il faut qu'ils regardent la réalité en face et qu'ils apprennent à reconnaître ces messages destructeurs. Sinon, ceux-ci emprisonneront la famille dans une relation où régneront mauvais traitements et négligence, qui seront transmis de génération en génération.

L'Absence

L'Absence, quelle qu'en soit sa nature, renvoie au premier niveau de dévalorisation. C'est probablement la dépréciation la plus grave que des parents puissent infliger à leur enfant. L'Absence, cela veut dire : « S'occuper de toi n'est pas important », « Tu n'existes pas », ou, « Ah ! Si tu n'existais pas. » L'enfant interprète l'absence d'un parent, son ivresse ou son indisponibilité comme un abandon.

Il arrive parfois qu'un adulte « abandonne » son enfant en refusant de l'accepter tel qu'il est. Les parents d'Ashley disent ainsi : « Nous voulions un garçon, mais Ashley fait très bien l'affaire. C'est un vrai garçon manqué ! » Dans de telles circonstances pénibles pour lui, l'enfant essaie souvent de donner un sens à la situation, en se reprochant de n'être pas ce que ses parents attendaient de lui. C'est ce que nous appelons une « ***autocondamnation*** » de la victime : l'enfant se punit alors qu'il est en fait une victime. Une fois devenu adulte, il continue généralement à s'autoaccuser à tort. Ashley doit désormais cesser de se blâmer et de prétendre que l'attitude de ses parents était juste. Il faut aujourd'hui qu'elle fasse le point et qu'elle trouve l'aide qu'elle mérite et dont elle a besoin pour panser ses blessures.

Quelles sont les décisions sous-jacentes qui entraînent dénégation et dévalorisation ?

La dénégation et la dévalorisation sont là pour protéger des décisions prises au préalable. En lisant les exemples ci-dessous, vous verrez que les attitudes dévalorisantes, mais aussi valorisantes sont des réponses à des décisions et des convictions anciennes. Pour chaque exemple, essayez de deviner le jugement ou la décision sous-jacente. Dans chaque cas, il y a aussi une réponse positive. Vous pouvez là encore deviner le jugement sous-jacent.

L'ami(e) de Pat demande à celle-ci : « Pourrais-tu m'aider à décorer notre local pour la fête du club ? » Pat lui répond :

> *Niveau 1 :* « Tu t'occupes constamment de ce club ! Tu devrais passer autant de temps avec moi. » (Il n'y a aucun problème.)
>
> *Niveau 2 :* « Ils n'ont pas besoin de décorations pour faire la fête ! » (Ce n'est pas sérieux.)
>
> *Niveau 3 :* « Décorer, c'est beaucoup de travail. On n'a plus le temps. » (Il n'existe aucune solution.)
>
> *Niveau 4 :* « Je suis nulle en travaux manuels. » (Je n'ai aucun pouvoir.)
>
> *Réponse positive :* « Oui. Que veux-tu que je fasse ? » ou « Non, je ne peux pas m'engager à le faire mais j'espère que tu trouveras quelqu'un pour t'aider. »

Imaginez quel est le jugement sous-jacent à chaque phrase dans l'exemple ci-dessus.

1.

2.

3.

4.

R.P.

Comparez vos hypothèses à celles-ci :

1. Mes besoins sont plus importants et plus intenses que les tiens.

2. J'ai besoin de tout réussir à la perfection et j'ai honte quand je n'y parviens pas.

3. Je n'ai aucun sens artistique.

4. Je ne suis pas douée pour la décoration et je n'ai pas envie de prêter le flanc à la critique.

R.P. Je suis compétente.

Voici d'autres exemples de jugements qui entraînent des dévalorisations à tous les niveaux :

- Je suis une nullité artistique.
- Je me tiens à l'écart des autres. À chaque fois que j'aide quelqu'un, je n'arrive plus à m'en débarrasser par la suite.
- Je ne sais pas dire non.
- Si j'aide cette personne, elle finira par mieux me connaître. Je ne veux pas prendre ce risque.
- Je ne suis pas importante alors je suis jalouse de ceux qui appartiennent à des clubs.
- Cette personne voudra peut-être ensuite devenir un(e) ami(e) intime, mais je ne sais pas comment avoir des relations intimes avec des gens autrement que sur le plan sexuel.

Rappelez-vous que la raison pour laquelle on vous rabaisse n'a aucune importance. C'est à vous de vous protéger contre cette dévalorisation sans pour autant dévaloriser ceux qui vous la font subir.

Continuons à identifier les jugements anciens qui sous-tendent certaines de nos attitudes. Nous pouvons pour cela étudier la dynamique de notre famille d'origine, nous faire aider par un thérapeute, penser à ce qui nous dérange tant chez les autres ; nous pouvons également être attentifs à nos sentiments et les laisser nous guider à la rencontre de nos souvenirs et vers une réflexion nouvelle.

De nouvelles résolutions

Si vous levez le voile qui recouvre vos décisions passées et les situations qui vous ont amené à les prendre, vous découvrirez en vous un petit enfant dont les besoins n'étaient pas satisfaits et qui a dû se fixer de telles résolutions pour pouvoir survivre. Félicitez-vous d'avoir su le faire. Affligez-vous d'avoir subi ces situations et prenez désormais de nouvelles décisions qui vous aideront à mieux vous occuper de vous-même et des autres.

Robert Subby[7] désigne sous le nom de « victime », ces enfants qui n'ont pas eu d'autre choix que de prendre ces décisions malheureuses. Il qualifie de « volontaires », les adultes qui continuent à vivre en accord avec celles-ci. Peut-être êtes-vous las(se) d'être un « dévalorisant volontaire » tout en trouvant difficile de conserver une attitude positive parce que vos anciennes résolutions vous renvoient sans cesse vers vos anciennes attitudes. Voici comment certaines personnes se sont fait aider afin de changer de comportement et de prendre de nouvelles résolutions :

- Laura a lu et utilisé des guides pratiques.
- Ron a pris des cours pour apprendre à s'occuper de ses enfants.

- Stéphanie a raconté son histoire à son groupe de soutien. Les participants lui ont apporté des suggestions pour l'aider à prendre de nouvelles résolutions.
- Marty a fait une psychothérapie.
- Fred a participé à un atelier de doléances.
- Alice s'est appuyée sur un groupe de soutien affilié au programme des « Douze étapes ».
- Connie a utilisé toutes ces possibilités et même davantage.

Dans la vie, chacun doit trouver comment s'affirmer et s'accomplir. À chacun de découvrir sa voie. Ce livre, des cours, le programme et les thérapeutes sont là pour nous soutenir. C'est à nous et à nous seuls de prendre le risque de changer avec toutes les souffrances que cela implique et de progresser. Puisqu'il est regrettable de rester bloqué dans une situation pénible, admettez que vous valez la peine de traverser ces moments difficiles et astreignants, et de grandir à nouveau. Vous y gagnerez une certaine paix intérieure, une meilleure santé, le bonheur et la joie. Vous en retirerez aussi le sentiment d'avoir amélioré ce que vos parents vous ont transmis de leur capacité à s'occuper des enfants, capacité que vous transmettrez à votre tour à vos enfants.

Rappelez-vous que nous changeons forcément. Nous ne pouvons pas nous figer : soit nous grandissons et nous nous développons, soit nous renforçons un peu plus chaque jour les dénégations qui nous servent de défense.

Descendons du manège !

Voici quelques questions que se posent souvent les gens au sujet de la dévalorisation. Peut-être retrouverez-vous ici vos propres interrogations.

Que faire si je m'aperçois que l'on me dévalorise ?

Arrêtez-vous un instant et réfléchissez pour savoir si vous n'êtes pas vous-même en train de vous dévaloriser ou de dénier l'importance de vos besoins. Décidez ensuite des changements que vous apporterez à cette situation. Si nous connaissons bien nos désirs, nos capacités et les buts que nous souhaitons atteindre, il nous est alors possible d'imaginer différentes alternatives pour gérer les dévalorisations dont nous sommes l'objet sans nous sentir entamés et sans dévaloriser les autres pour autant.

Mon univers déborde de dévalorisations. Comment puis-je les reconnaître ?

Lorsque vous utiliserez les différentes techniques que nous vous présentons ici pour reconnaître la dévalorisation, soyez également attentif à ce que vous ressentez. Peut-être avez-vous l'impression d'avoir l'estomac qui se noue ou la gorge qui se serre quand vous êtes victime d'une dévalorisation. Peut-être éprouvez-vous un sentiment de soulagement insidieux quand vous vous en sortez bien. Reconnaissez ces sensations et utilisez-les. Faites-leur confiance pour vous aider à déterminer les moments où vous avez recours à la dévalorisation et ceux où vous en êtes la victime. Vous pouvez aussi vous en servir pour vous rappeler que vous êtes responsable de vous-même.

Tant de gens recourent à la dévalorisation. N'est-ce pas normal et pouvons-nous ne pas en tenir compte ?

Sûrement pas ! Le fait que la dévalorisation soit une chose fréquente ne veut pas dire qu'elle est « normale ». Il est normal de s'entraider dans une famille, de se considérer mutuellement avec respect et avec amour. Si nous avons perdu ce droit fondamental, c'est à nous de le reprendre, de veiller à être traité et à traiter les autres avec estime, et de cesser de tout dévaloriser. Il est vrai que la dépréciation est chose courante autour de nous. Quand, dans certaines situations, elle devient trop fréquente et insupportable, il faut envisager de changer d'emploi ou même d'amis.

Que puis-je faire pour aider ma famille ?

Améliorez votre capacité à structurer, à prodiguer des soins et des attentions aux autres ainsi qu'à vous-même. Apprenez à vos proches à vous montrer leur amour et à vous donner le cadre dont vous avez besoin. Perdez l'habitude de dévaloriser vos enfants et remplacez-la par une attitude responsable.

Il y a un grave problème dans ma famille mais nous n'en parlons pas. Est-ce de la dévalorisation ?

Oui. Peut-être n'avez-vous pas envie d'y faire face. Vous avez peur ou honte de le mentionner, alors votre famille considère que c'est un secret. Les problèmes de cet ordre proviennent souvent de quelque chose qui n'a pas été réglé. Il est temps de vous faire aider !

Deux ou plusieurs personnes concluent parfois des pactes secrets sans en avoir conscience, comme « Je ne te parlerai pas de ce que tu fais, si tu ne me fais pas de remarques sur mes agissements » ou « J'ignorerai ton problème avec l'alcool si tu me laisses jouer les martyrs » ou « Je ne mentionnerai pas le fait que tu prends de la cocaïne si tu ne me parles pas de mes débordements sexuels » ou « J'ignorerai tes excès alimentaires si tu ne fais pas allusion à ma boulimie de travail » ou « Je ne te parlerai pas de tes fréquentes absences si tu ne te mets pas en colère quand je joue au casino ». Voilà des exemples de pactes où chacun se dévalorise et dévalorise l'autre.

La première personne à s'apercevoir qu'elle est impliquée dans ce genre de contrat destructeur doit se précipiter vers une aide extérieure. Elle doit tout tenter pour résoudre le problème posé. Les bonnes intentions et la détermination à aller mieux ne suffisent pas. En effet, les personnes engagées dans de tels échanges ont souvent besoin d'être longtemps soutenues pour parvenir à nouer des relations plus satisfaisantes et plus tendres. (Lisez « Comment trouver un groupe de soutien ou un thérapeute », appendice B.3).

Comment puis-je cesser de tout dévaloriser et commencer à me valoriser ?

Voici une liste de résolutions que vous pouvez prendre. Choisissez-en deux ou trois et appliquez-les. Ajoutez-en d'autres quand vous vous sentirez prêt(e) à le faire.

- Commencez par accepter le fait que vous êtes un être humain. Tout le monde utilise la dévalorisation un jour ou l'autre.
- Félicitez-vous d'avoir décidé de recourir à la dénégation ou d'avoir accepté « l'autocondamnation de la victime » quand vous n'aviez pas d'autres choix pour survivre.
- Reconnaissez que cette attitude autrefois nécessaire vous cause des ennuis aujourd'hui.
- Fixez-vous des objectifs à long-terme pour vous valoriser et cessez de recourir à la dévalorisation dans les différents domaines de votre vie personnelle et familiale. Fixez-vous des objectifs à court-terme pour changer dans un de ces domaines.
- Utilisez des réponses valorisantes ou prenez une initiative responsable au moins une fois par jour pendant une semaine. Ne vous découragez pas si vous vous sentez maladroit(e). Rappelez-vous que si vous ne trébuchez pas à un moment ou un autre durant cet apprentissage, vous serez bien la première personne à posséder un savoir-faire sans s'y être jamais exercée.
- Encouragez-vous et encouragez vos enfants à agir de manière responsable en utilisant un langage responsable qui évite de dévaloriser les personnes et qui précise clairement ce que chacun doit faire. (Lisez « Encourageons la prise de responsabilités à travers le langage », appendice A.7).

- Trouvez une aide extérieure. Participez à une thérapie de groupe, à un groupe de soutien ou à un groupe des « Douze étapes ». Demandez à un(e) ami(e) qui ne se moquera pas des efforts que vous faites pour progresser dans le domaine choisi, de vous soutenir et de fêter vos succès avec vous.
- La semaine suivante, adjoignez un nouveau domaine au précédent.
- Organisez une petite fête à l'occasion de chacune de vos victoires.
- Notez vos progrès dans un journal de bord.
- Découvrez combien la dévalorisation appauvrit votre vie. Optez pour la richesse !
- Utilisez une « boîte à colère » (voir appendice A.5) ou toute autre méthode pour accepter et exprimer votre colère, et servez-vous de l'énergie ainsi libérée pour résoudre le problème posé.
- Si vous éprouvez une difficulté particulière à remplacer une dévalorisation dans un domaine spécifique par une réponse valorisante, consultez un thérapeute. Il vous aidera à démasquer le jugement sous-jacent qui en est la cause et à prendre de nouvelles résolutions.
- Demandez à un(e) ami(e) de vous signaler les moments où vous avez recours à la dévalorisation. Faites-le seulement si vous avez confiance en lui/elle et si vous êtes sûr(e) qu'il/elle ne saisira jamais cette occasion pour vous blesser ou pour vous mettre mal à l'aise.
- De même, ne vous servez pas de ce que vous avez appris concernant la dévalorisation pour blâmer les autres. Trouvez des solutions aux problèmes sans accuser, ni injurier, ni rabaisser personne.
- Réfléchissez à vos croyances. Revoyez-les afin de pouvoir constituer une base solide et utile au fonctionnement de chacun dans la famille.
- Aimez-vous même avec vos dévalorisations !

Est-ce que le fait de moins recourir à la dévalorisation m'aidera dans ma tâche de parent ?

Énormément. Moins vous dévalorisez, mieux vous vous occupez de vos enfants. Il existe un contrat tacite entre parents et enfants selon lequel les parents donneront structure et nourriture affective et les enfants s'instruiront et se développeront.

Il est important de se rappeler qu'il est facile pour l'adulte de dépasser les troisième et quatrième niveaux de dépréciation (respectivement « Il n'existe aucune solution » et « Je n'ai aucun pouvoir »). ***Pour l'enfant cependant quel qu'en soit le niveau, une dévalorisation est toujours vécue comme une dévalorisation totale de lui-même et de la situation dans laquelle il se trouve***. Son problème reste non-résolu ; ses besoins demeurent insatisfaits.

Un enfant qui s'est entaillé le pied n'y attachera aucune importance si ses parents disent :

> ***Niveau 1 :*** « Il me semble que ton pied n'a rien. » (Il n'y a aucun problème.)
>
> ***Niveau 2 :*** « Cela n'a pas l'air bien grave. N'y pense plus. » (Ce n'est pas sérieux.)
>
> ***Niveau 3 :*** « Il n'y a rien à faire pour ton pied, alors fais comme si tu n'avais rien. » (Il n'existe aucune solution.)
>
> ***Niveau 4 :*** « Oh là ! là ! Cela n'est pas très joli à voir mais je ne sais pas ce qu'il faut faire pour ce genre de chose. » (Je n'ai aucun pouvoir.)
>
> Le pied de l'enfant reste blessé. L'enfant reste sans soins, sans réconfort. Il est négligé.

Lorsqu'en tant que parents, nous dévalorisons les besoins de notre enfant, quel que soit le niveau de dévalorisation auquel nous avons recours, nous ne respectons pas notre part du contrat avec lui.

En revanche, lorsque nous sommes attentifs à l'enfant, lorsque nous l'écoutons et que nous lui offrons structure et nourriture affective, nous remplissons notre contrat même si nous ne le faisons pas parfaitement. Il ne s'agit pas d'être parfait. Il s'agit de faire du mieux que nous pouvons chaque jour de notre vie.

QUATRIÈME PARTIE

GRANDIR, ENCORE ET ENCORE

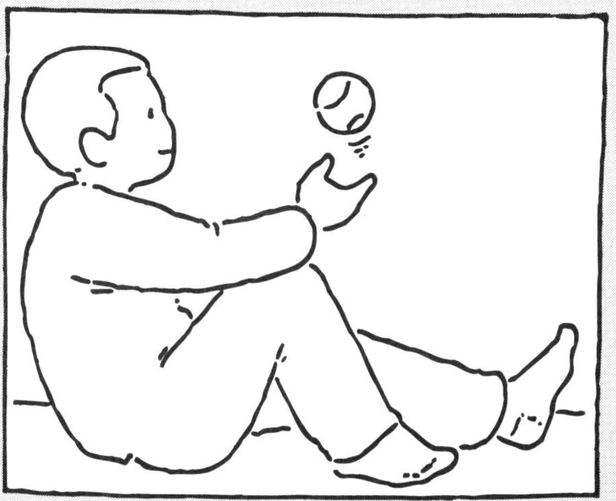

«Il y a quelques années, j'ai commencé à jouer du violoncelle. Certaines personnes diraient «J'ai commencé à apprendre à jouer du violoncelle.» Ces mots nous donnent l'impression étrange qu'il existe deux processus différents: 1) apprendre à jouer du violoncelle, et 2) jouer du violoncelle. Ils sous-entendent que je suivrai d'abord le premier jusqu'à son terme, puis que je l'arrêterai pour entamer le second. En résumé, «Je continuerai à apprendre à jouer du violoncelle» jusqu'à ce que j'aie «appris à en jouer» et ce n'est qu'ensuite que je commencerai à en jouer. Ceci n'a bien sûr aucun sens. Il n'y a pas deux processus, il n'y en a qu'un. On apprend à faire quelque chose en le faisant. Il n'existe pas d'autre moyen.»

JOHN HOLT, auteur de How Children Fail
et d'autres ouvrages, a écrit ceci dans une «newsletter».

CHAPITRE 7

Des âges et des stades

« **C**e n'est rien, ça lui passera. Ce n'est qu'un stade ! Ne fais pas attention à elle et elle n'y pensera bientôt plus. » Voilà ce que disait la mère de Lois quand celle-ci avait huit ans et qu'elle se montrait très intéressée par quelque chose qui dérangeait un autre membre de la famille. Avait-elle raison ? En partie, oui. Elle était dans le vrai en ce qui concerne les stades, mais elle avait tort de ne pas reconnaître leur importance. Nous traversons tous des étapes au cours de notre développement. Chacune d'elles est essentielle. Les enfants et les adultes doivent être soutenus, et non ignorés, quand ils acquièrent les connaissances et les savoir-faire propres à chaque stade.

Lois a oublié ce qui s'est passé pendant son enfance. Néanmoins, ce qu'elle a appris et les choix qu'elle a faits à chaque stade demeureront en elle, à moins que ceux-ci ne soient éclipsés par des événements récents plus importants ou que Lois, parvenue à l'âge adulte décide de les changer.

Qu'est-ce qu'un stade ?

Un stade de développement est une période de croissance que l'on peut décrire. Au cours de chaque stade, la personne est absorbée par des tâches adaptées à son âge, tâches qui lui permettront de répondre aux questions fondamentales qu'elle se pose :

Qui suis-je ? Que suis-je par rapport aux autres ? Comment puis-je acquérir les savoir-faire dont j'ai besoin ?

Nous découperons le développement des individus en sept étapes. Les limites d'âge proposées pour chaque stade sont approximatives car chacun grandit à son rythme. Le but de chaque étape est la résolution des questions suivantes :

Premier stade (Être) : de la naissance à l'âge de six mois

Est-ce OK pour moi d'être ici ? Est-ce OK de faire savoir ce dont j'ai besoin ? Est-ce OK que l'on s'occupe de moi ?

Deuxième stade (Agir) : de six à dix-huit mois environ

Est-ce que je peux explorer mon environnement sans danger et faire de nouvelles expériences ? Puis-je avoir confiance en ce que j'apprends ?

Troisième stade (Penser) : de dix-huit mois à trois ans environ

Est-ce OK pour moi d'apprendre à penser par moi-même ?

Quatrième stade (Identité et pouvoir) : de trois à six ans environ

Est-ce OK pour moi d'être ce que je suis avec mes capacités uniques ? Est-ce OK pour moi d'essayer de découvrir qui sont les autres et d'apprendre à mesurer les conséquences de mes actes ?

Cinquième stade (Structure) : de six à douze ans environ

Comment puis-je me construire une structure interne capable de me soutenir et de me permettre d'aider les autres ? Comment puis-je acquérir les compétences nécessaires à la maîtrise des techniques et des savoir-faire dont j'ai besoin pour vivre dans ma culture ?

Sixième stade (Identité, sexualité et séparation) : de treize à dix-neuf ans environ

Comment puis-je à la fois me détacher de mes parents, établir mes propres valeurs et rester proche d'eux ? Est-ce bien pour moi d'être indépendant, de vivre ma sexualité et d'être responsable de moi-même ?

Septième stade (Interdépendance) : l'âge adulte

Comment trouver la juste mesure entre mon besoin de compétence, mon désir d'intimité et ma soif de liberté ? Comment passer de l'indépendance à l'interdépendance ?

Les expériences et les décisions prises à chaque étape de sa vie façonnent la capacité de l'adulte à recevoir et à offrir structure et nourriture affective.

Le bouclier

Comment représenteriez-vous concrètement votre capacité à prendre soin de vous-même et des autres ?

Serait-ce sous la forme d'un parapluie ? d'un manteau ? Serait-ce une bulle de lumière ? un bouclier ?

Nous utiliserons l'image du bouclier pour symboliser les savoir-faire que nous utilisons pour offrir structure et nourriture affective aux autres et à nous-mêmes. Mais, si vous imaginez votre capacité différemment, sous la forme d'un manteau, par exemple, remplacez « bouclier » par « manteau » dans le texte afin que l'image corresponde bien à ce que vous vous représentez.

Notre bouclier se construit peu à peu, grâce à l'accumulation des expériences que nous faisons au cours de chaque étape de notre développement. En réfléchissant à celles-ci et aux décisions prises à chaque stade de notre vie, nous pouvons reconnaître les savoir-faire que nous avons acquis et qui nous sont utiles. Nous pouvons aussi découvrir les « trous », les vides que nous devons réparer ou remplir. Si vous souhaitez « visualiser » votre bouclier, votre manteau ou toute autre image de votre choix, faites l'exercice de visualisation proposé à la fin du livre. (Lisez « Comment voir notre bouclier : un exercice de visualisation », appendice B.2).

Lorsque les enfants reçoivent des soins attentifs, tendres et réguliers de la part de leurs parents, ils ont la possibilité de se construire un bouclier solide. Mais, seuls des parents suffisamment mûrs, sains, dévoués et constants peuvent ainsi offrir leur amour. Beaucoup d'entre nous ont grandi au milieu d'adultes dont l'énergie était détournée vers l'alcool, la drogue ou vers d'autres formes de dépendance dans différents domaines tels que nourriture, travail, relations ou religion. Pour ces raisons et pour d'autres encore (la guerre, la pauvreté, la maladie) nos parents n'étaient pas capables de combler nos besoins de manière adaptée. Il se peut qu'ils nous aient négligés ou qu'ils aient abusé de nous physiquement, sexuellement ou psychologiquement parce qu'ils souffraient ou parce qu'ils n'ont pas pu eux-mêmes se développer de façon harmonieuse.

Il est intéressant de constater que, bien que les problèmes de ces familles soient assez différents, les effets produits par cette présence inégale auprès des enfants sont semblables.

Vue de l'extérieur, une famille dont l'un des membres est alcoolique n'a que peu de points communs avec une famille très rigide sur le plan religieux ou avec une famille confrontée à la présence d'un handicapé. Mais, finalement le résultat est le même : l'enfant est négligé. Ceux qui vivent de telles situations n'ont pas l'occasion de recevoir la structure et la nourriture affective qui permettent de construire de solides boucliers.

Notre bouclier, comme un arbre, est plus fort si son centre est sain. Nous acquérons ce centre au cours de notre enfance. S'il est troué, c'est parce que nous avons probablement appris à dénier ou à dévaloriser nos besoins et à protéger d'anciennes décisions. Ces décisions, nécessaires à une époque de notre vie nous font du mal aujourd'hui. Nous devons dès maintenant commencer à réparer ces trous et renforcer nos points faibles.

Qu'est-ce que recommencer à grandir ?

Recommencer à grandir, c'est obtenir ce qui nous a manqué autrefois pour ne pas être obligé de continuer à vivre avec ces manques. Nous recommençons à grandir afin de mieux nous occuper de nos enfants et pour nous sentir plus à l'aise dans la vie. Pour recommencer à grandir, nous devons choisir un seul petit trou dans notre bouclier et le réparer. Nous pouvons aussi combler une partie d'un plus gros trou.

Vous vous direz sûrement : « Mais, je ne veux pas recommencer à grandir ! N'est-ce pas suffisant de s'en être sorti la première fois ? Qui voudrait revenir en arrière et revivre des moments douloureux ? » Claudia Black[1] insiste beaucoup sur le fait que nous devons justement y revenir parce que, sinon, cela se reproduit. On ne se débarrasse de sa souffrance, de ses anciennes habitudes, de ses vieux schémas que si on y repense, que si on recommence à grandir.

Recommencer à grandir, c'est heureusement aller de l'avant. C'est être actif d'une manière qui peut nous aider à prendre de nouvelles décisions et à expérimenter de nouvelles attitudes.

Les trous ou les vides dans le bouclier de certains d'entre nous sont trop grands ou trop profonds. Les exercices proposés ici ne peuvent suffire à les réparer. Il faut qu'ils soient aussi soutenus par un thérapeute.

Comment savoir si nous avons besoin de recommencer à grandir ?

Il existe quelques signes qui avertissent les adultes quand il est temps pour eux de recommencer à grandir. Vous pouvez soupçonner la présence d'un trou dans votre bouclier si de nombreux exemples de dévalorisation présentés dans ce guide vous ont semblé un peu trop familiers, si vous entendez les conseils structurants comme des critiques ou si vous continuez de refuser la nourriture affective.

Il existe différents moyens pour recommencer à grandir. Nous les apprenons parfois en découvrant comment bien nous occuper de nos enfants. Vivre avec des enfants qui entreprennent des tâches particulières à chaque étape de leur développement encourage bien souvent leurs parents à repenser et à retravailler à ces mêmes tâches. Par exemple, lorsqu'un enfant de deux ans dit « non » et résiste à ses parents, ceux-ci ressentent aussi leur propre résistance et peuvent réapprendre à dire « non » et à penser par eux-mêmes.

Nous renforçons aussi notre bouclier au cours de notre développement et des expériences de notre vie d'adulte et lorsque nous « recyclons » des tâches des stades antérieurs de façon plus sophistiquée. Cette théorie du « recyclage » que nous devons à Pamela Levin est très utile. Elle est décrite dans son ouvrage[2]. Utilisez cette partie du livre pour vous aider à déterminer stade par stade, les points forts et les points faibles de votre bouclier.

Si nous avons manqué de soins lors de notre première « croissance », si les trous dans notre bouclier sont importants, il peut être nécessaire de se faire aider par des personnes compétentes, par un groupe de soutien, un thérapeute ou par une thérapie de groupe. (Lisez « Comment trouver un groupe de soutien ou un thérapeute », appendice B.3).

Ne vous précipitez pas !

Lorsqu'ils entrevoient ce qu'ils pourraient faire pour aller mieux, beaucoup d'entre nous décident de tout entreprendre en même temps. Ils voudraient tout résoudre en cinq minutes ! Certains parmi nous ont peut-être dit à leur thérapeute : « Guérissez-moi aujourd'hui. »

Nous voulons grandir vite.

Cela ne se passe pas ainsi. On observe plutôt une amélioration puis une sorte de plateau au cours duquel nous consolidons les savoir-faire, les attitudes et les croyances nouvellement acquises. Bien souvent, il y a même un léger retour en arrière avant la progression suivante. Si vous vous sentez découragé(e), rappelez-vous que lorsque vous grandissez, chaque plateau est plus élevé que le précédent. Recommencer à grandir est un processus lent et non une tâche accomplie en une minute. Si vous êtes impatient(e), répétez-vous ces phrases :

- Un trou à la fois.
- Une tâche à la fois.
- Une expérience à la fois.
- Une nouvelle décision à la fois.
- Un nouveau comportement à la fois.
- Un jour à la fois.

Chaque trou réparé par vos soins consolidera votre bouclier tout entier et vous aidera à grandir ensuite plus facilement. Admirez-vous ! Rappelez-vous que même si vous avez des craintes, vous pourrez toujours continuer à penser et à aller de l'avant. Se guérir, c'est aussi s'affliger de ce que nous avons reçu ou n'avons pas reçu. Vous aurez à faire face à votre colère et à votre frustration. Vous en arriverez finalement au point où, remarquant un nouveau trou à réparer, vous vous réjouirez en vous disant : « Bien. Que vais-je encore pouvoir apprendre aujourd'hui ? Autant m'y mettre tout de suite. »

En attendant, vous pouvez grandir à votre rythme... et surtout ne vous précipitez pas !

Comment utiliser les tableaux des pages suivantes ?

Servez-vous de ces tableaux pour vous rappeler quels sont vos besoins et ceux de vos enfants. Chacun d'eux comporte une courte liste des ***tâches importantes que l'enfant doit accomplir au stade de développement auquel il se trouve, des comportements typiques d'enfants de cet âge, des affirmations centrées sur les tâches propres à ce stade, des attitudes parentales soutenantes*** et une liste ***des attitudes parentales néfastes*** à des enfants de cet âge. Suit une liste des ***signes indiquant qu'il est temps pour un adulte de***

recommencer à grandir. Elle comprend des exemples d'attitudes qui montrent que l'adulte doit personnellement retravailler à certaines tâches de cette étape. ***Les activités permettant de recommencer à grandir*** comprennent un ensemble de choses petites ou grandes que les adultes peuvent faire pour s'aider dans leur guérison. La liste ***des affirmations pour recommencer à grandir*** comporte des messages qui favorisent la guérison et l'épanouissement.

Si vous connaissez bien l'importance des affirmations, vous savez déjà que vous pouvez utiliser celles qui sont proposées à chaque étape comme un tremplin pour vous aider à déterminer les messages que vos enfants et vous-même avez besoin d'entendre. Leur liste complète se trouve à la fin du livre. (Lisez « Les affirmations : comment les utiliser en famille et pour vous-même », appendice B.1).

Si c'est la première fois que vous entendez parler des affirmations, il est alors nécessaire que nous vous donnions quelques explications supplémentaires à leur sujet. Une affirmation est tout ce que nous faisons ou disons aux autres pour leur montrer que nous pensons qu'ils sont aimables et capables. Celle-ci renforce leur estime d'eux-mêmes. Nous devons être sincères quand nous en offrons. Sinon, ce ne sont plus des affirmations mais des doubles contraintes, c'est-à-dire des messages déstabilisants.

Les autoaffirmations sont toutes les choses que nous disons, faisons, pensons ou ressentons à l'extérieur ou à l'intérieur de nous-même, qui nous indiquent que nous sommes des personnes aimables et capables. Elles nous permettent de développer notre estime de nous-mêmes et notre amour-propre. Elles sont essentielles, en particulier quand nous sommes tenté(e)s de dévaloriser nos besoins ou de penser que les affirmations ne sont pas importantes ou ne sont pas vraies en ce qui nous concerne. Nous pouvons commencer par nous servir des affirmations proposées pour chaque stade en utilisant la deuxième personne du singulier, comme si notre parent nourricier interne parlait au petit enfant qui se trouve en nous. Par exemple : « Je suis content(e) que tu sois vivant(e). »

Nous pourrons ensuite nous affirmer en employant la première personne du singulier lorsque l'enfant en nous sera prêt à accepter cette affirmation comme une conviction qu'il a ou qu'il souhaite avoir : « Je suis content(e) d'être vivant(e). »

Attention ! Ne dites ces messages à la première personne du singulier que si vous les avez choisis vous-même et non parce que quelqu'un vous a dit de le faire. L'estime de soi ne se construit pas à partir du désir de plaire aux autres ; c'est un processus interne qui concerne des convictions personnelles. S'affirmer et se visualiser comme si les affirmations que nous avions adoptées étaient déjà vraies peut nous aider à les rendre réelles.

(Il existe des affirmations particulières que nous avons besoin d'entendre et que nous devons apprendre à offrir à nos enfants à chaque étape de leur développement. Lisez à ce sujet : « Les affirmations : comment les utiliser en famille et pour vous-même », appendice B.1).

Les affirmations peuvent être offertes par le regard, par les mots ou par les gestes. Elles peuvent être dites, chantées ou jouées. Vous en saurez davantage à leur sujet en lisant l'ouvrage de Jean Illsley Clarke[3].

Premier stade – Être
De la naissance à l'âge de six mois

Au cours du premier stade, il s'agit pour l'enfant de décider d'exister, de vivre, de grandir, de faire confiance, d'appeler pour que l'on s'occupe de lui, de s'attendre à ce que ses besoins soient comblés et d'être heureux. Ces décisions sont essentielles pour que nous puissions ensuite nous enrichir et nous développer tout au long de notre vie.

1. ***Travail de l'enfant (au stade de développement auquel il se trouve) :***
   - Appeler pour que l'on s'occupe de lui.
   - Pleurer ou se faire remarquer par d'autres moyens pour obtenir la satisfaction de ses besoins.
   - Accepter les contacts corporels.
   - Accepter la nourriture affective qui lui est offerte.
   - Nouer des relations affectives avec les autres. Apprendre à avoir confiance en lui-même et à compter sur les adultes qui s'occupent de lui.
   - Décider de vivre et d'exister.

2. ***Comportement typique de l'enfant :***
   - Pleure ou fait du bruit pour faire connaître ses besoins.
   - Se pelotonne.
   - Émet différents sons.
   - Regarde et répond aux visages, en particulier aux yeux.
   - Imite.

3. ***Affirmations pour « Être » :***
   - Je suis content(e) que tu sois vivant(e).

- Ta place est ici.
- Tes besoins sont importants à mes yeux.
- Je suis content(e) que tu sois toi.
- Tu peux grandir à ton propre rythme.
- Tu as le droit de ressentir tout ce que tu ressens.
- Je t'aime et m'occupe de toi avec plaisir.

4. ***Attitudes parentales soutenantes :***
   - Soutenez l'enfant quand il accomplit les tâches nécessaires à son développement.
   - Offrez des soins avec tendresse et de manière cohérente.
   - Répondez aux besoins de l'enfant.
   - Pensez pour le bébé.
   - Soutenez et regardez l'enfant pendant la tétée.
   - Offrez-lui votre amour en le caressant, en le regardant, en lui parlant et en lui chantant des berceuses.
   - Faites-vous aider si vous ne savez pas très bien comment vous en occuper.
   - Soyez fiable et digne de confiance.
   - Réclamez tendresse et attentions de la part des autres.
   - Pour vous aider dans votre tâche de parent, vous pouvez également consulter l'ouvrage de Jean Illsley Clarke[4].

5. ***Attitudes parentales néfastes :***
   - Ne pas répondre aux signaux de l'enfant.
   - Ne pas caresser et ne pas tenir l'enfant suffisamment.
   - Répondre à l'enfant de manière rigide, irritée ou agitée.
   - Nourrir l'enfant avant qu'il ne le réclame.
   - Le punir.

- Laisser l'enfant en contact avec des personnes malades ou dans un lieu insalubre.
- Ne pas protéger l'enfant suffisamment y compris de ses frères et sœurs.
- Critiquer l'enfant pour n'importe quoi.
- Le dévaloriser.

6. ***Signes indiquant qu'il est temps pour un adulte de recommencer à grandir :***
   - Ne pas pouvoir faire confiance aux autres.
   - Attendre des autres qu'ils sachent ce que vous voulez sans leur dire ce dont vous avez besoin.
   - Ne pas savoir ce dont vous avez besoin.
   - Ne rien désirer. Ne rien ressentir.
   - Croire que les besoins des autres sont plus importants que les vôtres.
   - Ne pas croire que les autres peuvent tenir leurs promesses.
   - Refuser les contacts corporels ou éprouver un besoin compulsif de toucher les autres ou avoir des rapports sexuels insatisfaisants.
   - Refuser de parler de vous, en particulier de vos faiblesses.

7. ***Activités qui permettent de recommencer à grandir :***
   - Utilisez et adaptez les conseils du paragraphe « Attitudes parentales soutenantes » de ce stade pour prendre soin du petit enfant qui est en vous.
   - Prenez un bain chaud et faites-vous donner un massage thérapeutique.
   - Chantez des berceuses à l'enfant qui est en vous.
   - Réclamez caresses et baisers !
   - Fermez vos yeux. Imaginez-vous enfant. Si une mère ou un père parfait vous voyait à ce moment-là, que ferait-elle/il ? Que dirait-elle/il ? Faites ce qu'il

ou elle ferait et dites-vous ce qu'ils vous diraient ou demandez à quelqu'un qui vous aime de le faire ou de le dire à votre place.

- Améliorez le confort de votre intérieur.
- Consultez un thérapeute si vous en éprouvez le besoin.

8. ***Affirmations pour recommencer à grandir (quand vous vous sentirez prêt(e)).***
   - Je suis content(e) d'être vivant(e).
   - Ma place est ici.
   - Mes besoins sont importants.
   - Je suis content(e) d'être ce que je suis.
   - Je grandis à mon rythme.
   - Je ressens toutes mes sensations.
   - Je m'aime et je prends soin de moi. J'accepte aussi l'amour et les attentions des autres.

Deuxième stade – Agir
De six mois à dix-huit mois

Le deuxième stade, stade de l'Agir, est un moment riche pendant lequel il est important pour l'enfant de décider de faire confiance aux autres, de penser qu'il est merveilleux et sans danger d'explorer son environnement, de se fier à ses sensations, de savoir ce qu'il sait, d'être créatif et actif et de se faire soutenir au cours de toutes ces activités.

1. ***Travail de l'enfant (au stade de développement auquel il se trouve) :***
   - Explorer son environnement et faire de nouvelles expériences.
   - Développer tous ses sens en les utilisant.
   - Manifester ses besoins. Faire confiance aux autres et avoir foi en lui-même.
   - Continuer à resserrer ses liens avec ses parents.
   - Demander de l'aide quand il est inquiet.
   - Commencer à apprendre qu'il existe souvent plusieurs alternatives et que peu de problèmes sont faciles à résoudre.
   - Commencer à prendre des initiatives.
   - Continuer les tâches du premier stade.

2. ***Comportement typique de l'enfant :***
   - Développe ses sens en explorant son environnement.
   - Est curieux.
   - Est facilement distrait.
   - Veut explorer son environnement tout seul et pouvoir retrouver sa mère quand il en aura envie.

- Commence à faire des pâtés et à jouer à « coucou le voilà ! »
- Commence à dire quelques mots vers le milieu ou la fin de ce stade.

3. ***Affirmations pour « Agir » :***
    - Tu peux explorer et faire des expériences. Je te soutiendrai et te protégerai.
    - Tu peux utiliser tous tes sens lorsque tu explores ton environnement.
    - Tu peux recommencer des choses aussi souvent que tu en éprouves le besoin.
    - Tu peux savoir ce que tu sais.
    - Tu peux t'intéresser à tout.
    - J'aime te voir prendre des initiatives, apprendre et grandir.
    - Je t'aime quand tu es actif et quand tu es silencieux.

4. ***Attitudes parentales soutenantes :***
    - Soutenez l'enfant quand il accomplit les tâches nécessaires à son développement.
    - Continuez à offrir amour, sécurité et protection.
    - Offrez-lui un environnement sûr.
    - Veillez à ce que l'enfant ne se fasse pas mal.
    - Continuez à le nourrir, à lui offrir nourriture affective, caresses et soutien.
    - Gratifiez l'enfant de deux « oui » pour chaque « non » prononcé.
    - Donnez-lui l'occasion de faire de nouvelles expériences.
    - Évitez d'interrompre l'enfant.
    - Retenez-vous d'interpréter le comportement de l'enfant, par exemple : « Tu aimes te regarder dans la glace. »

- Racontez plutôt ce qu'il fait. Dites par exemple : « Judy se regarde dans la glace. »
- Répondez quand l'enfant commence un jeu.
- Prenez soin de vous.
- Pour vous aider dans votre tâche de parent, consultez l'ouvrage de Jean Illsley Clarke[5].

5. ***Attitudes parentales néfastes :***
   - Ne pas protéger l'enfant suffisamment.
   - Restreindre sa mobilité.
   - Critiquer l'enfant parce qu'il essaie d'explorer l'espace autour de lui ou pour n'importe quelle autre raison.
   - Imposer une discipline ou des punitions.
   - Attendre de l'enfant qu'il ne touche pas aux objets fragiles.
   - Dresser l'enfant à la propreté.
   - Le dévaloriser.

6. ***Signes indiquant qu'il est temps pour un adulte de recommencer à grandir :***
   - L'ennui.
   - La répugnance à entrer en action.
   - L'hyperactivité ou l'hyperpassivité.
   - Le refus de faire des choses dans un domaine où vous ne brillez pas.
   - L'obsession de la propreté.
   - Ne pas savoir ce que vous savez.
   - Penser qu'il est normal de ne pas être en sécurité, de ne pas être soutenu ni protégé.

7. ***Activités qui permettent de recommencer à grandir :***
   - Utilisez et adaptez les conseils du paragraphe « Attitudes parentales soutenantes » de ce stade pour prendre soin du petit enfant qui est en vous.

- Explorer votre maison à quatre pattes. Voyez comme les choses ont l'air différentes de ce point de vue.
- Demandez à un(e) ami(e) de vous emmener dans un endroit que vous ne connaissez pas.
- Manipulez des objets sans danger. Secouez-les, sentez-les, goûtez-les, regardez-les, écoutez le bruit qu'ils font et empilez-les. Observez les objets. Essayez de percevoir ce qui se passe en vous quand vous prenez le temps d'examiner ces objets familiers d'une façon nouvelle.
- Découvrez de nouveaux talents, des cuisines étrangères, des activités et des cultures différentes.
- Changez de chemin pour aller à votre travail.
- Consultez un thérapeute si vous en avez besoin.

8. ***Affirmations pour recommencer à grandir (quand vous vous sentirez prêt(e)) :***
   - J'explore mon environnement et je fais de nouvelles expériences. Je suis soutenu et protégé pendant cet apprentissage.
   - J'utilise tous mes sens au cours de ces découvertes.
   - Je peux recommencer les choses aussi souvent que j'en éprouve le besoin.
   - Je sais ce que je sais.
   - Je m'intéresse à tout.
   - J'aime apprendre de nouvelles choses et j'aime grandir.
   - Je m'aime et je m'accepte lorsque je suis actif(ve) mais aussi lorsque je suis calme.

Troisième stade – Penser
De dix-huit mois à trois ans environ

Pour pouvoir se détacher de leurs parents, les enfants doivent apprendre à penser et à résoudre des problèmes. Apprendre à exprimer et à gérer ses sentiments est aussi une chose importante. Telles sont les tâches principales de ce stade du « Penser ».

1. ***Travail de l'enfant (au stade de développement auquel il se trouve) :***
   - Commencer à apprendre à penser par lui-même.
   - Tester la réalité, dépasser les limites pour voir jusqu'où il peut aller.
   - Apprendre à résoudre des problèmes en termes de cause et d'effet.
   - Commencer à obéir à des ordres simples.
   - Exprimer sa colère et d'autres sentiments.
   - Se détacher de ses parents sans pour autant perdre leur amour.
   - Commencer à se rendre compte qu'il n'est pas le centre du monde.
   - Continuer les tâches des stades antérieurs.

2. ***Comportement typique de l'enfant :***
   - Commence à penser en termes de cause et d'effet.
   - Se met à jouer à côté des autres enfants.
   - Devient ordonné, parfois méticuleux.
   - Accepte quelquefois d'exécuter des ordres simples et s'y refuse aussi de temps en temps.
   - Teste de nouveaux comportements, comme : « Non, je ne le ferai pas » ou « Tu ne me feras pas faire... »

- Certains enfants se mettent en colère pour voir l'effet que cela produit sur leur entourage.

3. ***Affirmations pour « Penser » :***
   - Je suis content(e) que tu commences à penser par toi-même.
   - C'est OK que tu te fâches, mais je ne te laisserai pas te faire du mal ni blesser les autres.
   - Tu peux dire « non » et tester nos limites aussi souvent que tu en as besoin.
   - Tu peux apprendre à penser par toi-même. Je penserai aussi par moi-même.
   - Tu peux penser et ressentir en même temps.
   - Tu peux savoir de quoi tu as besoin et demander de l'aide.
   - Tu peux te détacher de moi et je continuerai de t'aimer.

4. ***Attitudes parentales soutenantes :***
   - Soutenez l'enfant quand il accomplit les tâches nécessaires à son développement.
   - Continuez à lui offrir caresses, amour et protection.
   - Félicitez l'enfant pour ses nouvelles capacités de penser.
   - Encouragez-le à penser en termes de cause et d'effet.
   - Donnez à l'enfant des explications, montrez-lui comment accomplir certaines tâches et apportez-lui d'autres informations.
   - Acceptez l'expression, positive ou négative, de ses sentiments.
   - Montrez-lui qu'il existe d'autres moyens que frapper ou mordre pour exprimer ses sentiments.
   - Établissez des limites raisonnables et faites-les respecter.

- Ayez toujours le même comportement face aux colères de l'enfant ; ne démissionnez pas mais n'essayez pas non plus de le mater.
- Faites en sorte que l'enfant ait l'espace et le temps qu'il lui faut pour bien organiser sa pensée.
- Donnez-lui des directives claires qu'il puisse suivre. Encouragez-le et félicitez-le quand il réussit ce que vous lui avez demandé de faire.
- Attendez de lui qu'il réfléchisse à ses propres sentiments et qu'il commence à penser à ceux des autres.
- Trouvez que l'enfant est « un formidable bout de chou ».
- Prenez soin de vous.
- Pour vous aider dans votre tâche de parent, consultez l'ouvrage de Jean Illsley Clarke[6].

5. ***Attitudes parentales néfastes :***
   - Utiliser trop de « ne fais pas ceci, ne fais pas cela » et pas assez de « fais plutôt cela ».
   - Être pris dans des luttes de pouvoir.
   - Mater ses enfants afin de passer pour un bon parent.
   - Traiter l'enfant de « bout de chou épouvantable ».
   - Refuser d'établir des limites et d'avoir certaines attentes par rapport à lui.
   - Attendre trop de lui.
   - Estimer que l'enfant doit jouer avec les autres avant même d'avoir appris à jouer ***près*** d'eux.
   - Refuser de le réprimander quand il est tête en l'air.
   - Humilier l'enfant.
   - Le dévaloriser.

6. ***Signes indiquant qu'il est temps pour un adulte de recommencer à grandir :***
   - Un trop fort sentiment de révolte (en vouloir à la terre entière).

- Vouloir avoir raison à tout prix plutôt que progresser et réussir.
- Brutaliser les autres ou se fâcher pour dissimuler ses craintes ou sa tristesse.
- Penser que l'on est le centre du monde.
- Avoir peur de sa propre colère et de celle des autres.
- Répondre « oui » ou « non » à une demande sans réfléchir.
- Ne pas avoir le courage de dire « non » et laisser les autres nous dominer.
- Avoir des attitudes passives / agressives.

7. ***Activités qui permettent de recommencer à grandir :***
   - Utilisez et adaptez les conseils du paragraphe « Attitudes parentales soutenantes » de ce stade pour prendre soin du petit enfant qui est en vous.
   - Faites une liste des choses auxquelles il est important pour vous de dire « non » et suivez-la !
   - Découvrez une nouvelle recette ou essayez de monter un meuble en kit. Suivez les instructions à la lettre. Demandez à trois personnes de vous complimenter.
   - Faites quelque chose pour améliorer votre mémoire. Renseignez-vous, lisez des ouvrages sur la mémoire, participez à des ateliers et entraînez-vous ! Faites une liste de sept choses importantes que vous voudriez retenir et retenez-les.
   - Apprenez à vous servir d'une « boîte à colère ». (Lisez « La boîte à colère »endice A.5).
   - Faites une thérapie si vous en avez besoin.

8. ***Affirmations pour recommencer à grandir (quand vous vous sentirez prêt(e)) :***
   - Je pense par moi-même et je laisse les autres penser par eux-mêmes.

- C'est OK pour moi d'être en colère. Quand je le suis, j'exprime ma colère d'une manière qui permet de résoudre les problèmes et qui ne blesse personne.
- Je dis « non » quand il le faut.
- Je peux penser et ressentir en même temps. J'utilise ce que je ressens pour réfléchir à ce que je dois faire.
- Je sais ce dont j'ai besoin et je demande de l'aide si nécessaire.
- Je suis une personne distincte des autres. Je les aime et ils m'aiment.

Quatrième stade – Identité et pouvoir De trois à six ans environ

Les tâches de ce stade ont pour objet des apprentissages et des activités qui permettent à l'enfant d'établir les bases de son identité, d'apprendre de nouveaux savoir-faire, de découvrir son rôle dans la société et les relations de pouvoir.

---

1. ***Travail de l'enfant (au stade de développement auquel il se trouve) :***
   - Établir sa propre identité, distincte de celle des autres.
   - Recueillir des informations sur le monde dans lequel il vit, sur lui-même, sur son corps et son appartenance sexuelle.
   - Apprendre que ses actes ont des conséquences.
   - Découvrir l'effet qu'il produit sur les autres et sa place au sein des groupes.
   - Apprendre à exercer une pression pour influer sur ses relations avec les autres.
   - Apprendre à vivre en société.
   - Distinguer ses fantasmes de la réalité.
   - Déterminer ce sur quoi il a un pouvoir et ce sur quoi il n'en a pas.
   - Continuer à se perfectionner dans les tâches des stades antérieurs.

2. ***Comportement typique de l'enfant :***
   - Se livre à des jeux avec des personnages imaginaires.
   - Recueille des informations : comment, pourquoi, quand, combien de temps, etc.
   - Se met dans la peau de différents personnages.

- Apprend à connaître les rapports de pouvoir qui existent entre les personnes en les observant et en créant des situations de conflit.
- Se livre à des jeux de rôle qui l'aideront à établir clairement les bases de son identité sexuelle.
- Commence à jouer avec les autres enfants.
- Apprend à vivre en société.
- Commence à s'intéresser aux jeux et aux règles.

3. ***Affirmations pour « l'Identité et le Pouvoir » :***
   - Tu peux découvrir qui tu es et qui sont les autres.
   - Tu peux être fort et demander de l'aide quand tu en as besoin.
   - Tu peux essayer différents rôles et différentes manières d'avoir du pouvoir.
   - Tu peux apprendre quelles sont les conséquences de tes actes.
   - Ce que tu ressens, c'est normal !
   - Tu peux apprendre à faire la différence entre la réalité et le jeu.
   - J'aime ce que tu es.

4. ***Attitudes parentales soutenantes :***
   - Soutenez l'enfant quand il accomplit les tâches nécessaires à son développement.
   - Continuez à lui prodiguer amour, sécurité et protection.
   - Soutenez l'enfant dans sa découverte des choses, des gens, des idées et des sentiments.
   - Encouragez l'enfant à prendre plaisir d'être un garçon ou une fille ; montrez-lui que chaque sexe est bien.
   - Attendez de l'enfant qu'il exprime ses sentiments et qu'il les utilise pour sa réflexion.

- Donnez à l'enfant des informations concernant son environnement et corrigez ses connaissances erronées.
- Répondez à ses questions.
- Appliquez des conséquences positives ou négatives en rapport avec les actes de l'enfant.
- Utilisez un langage qui précise clairement qui est responsable de quoi. (Lisez « Encourageons la prise de responsabilités à travers le langage », appendice A.7).
- Encouragez l'enfant à rêver et à séparer la réalité de ses fantasmes.
- Félicitez l'enfant quand il se conduit correctement.
- Restez en relation avec des adultes soutenants qui vous prodiguent affection et attentions.
- Répondez de manière naturelle aux questions que l'enfant pose concernant le corps humain et les différences entre garçons et filles.
- Résolvez vos propres problèmes d'identité quand ils font surface.
- Pour vous aider dans votre tâche de parent, consultez l'ouvrage de Jean Illsley Clarke[7].

5. ***Attitudes parentales néfastes :***
   - Taquiner l'enfant.
   - Être inconséquent.
   - Ne pas attendre de l'enfant qu'il pense par lui-même.
   - Refuser de répondre à ses questions.
   - Se moquer de lui parce qu'il s'invente des rôles ou des histoires.
   - Faire comme si les inventions de l'enfant étaient vraies.
   - Utiliser l'imagination de l'enfant pour lui faire peur ou pour le déstabiliser.

- Le dévaloriser.

6. ***Signes indiquant qu'il est temps pour un adulte de recommencer à grandir :***
   - Avoir toujours besoin d'être le plus fort.
   - Avoir peur d'utiliser la force.
   - Douter de ses capacités.
   - Avoir une identité peu affirmée : avoir constamment besoin de se référer à un travail ou à des relations pour se définir.
   - Croire que l'on est obligé de réussir.
   - Se vêtir et se comporter de manière curieuse.
   - Se comparer souvent aux autres et éprouver le besoin de sortir victorieux de la confrontation.
   - Vouloir ou espérer des solutions magiques.

7. ***Activités qui permettent de recommencer à grandir :***
   - Utilisez et adaptez les conseils du paragraphe « Attitudes parentales soutenantes » de ce stade pour prendre soin du petit enfant qui est en vous.
   - Faites une liste de dix choses que vous souhaiteriez accomplir.
   - Donnez ou allez à un bal costumé.
   - Rejoignez un groupe de femmes si vous en êtes une ou un groupe d'hommes si vous en êtes un. Parlez et réfléchissez à ce que sont pour vous les différents rôles sexuels.
   - Renseignez-vous sur un nouveau métier ou un autre travail.
   - Écrivez une histoire commençant par : « Dans ma prochaine vie, je... »
   - Apprenez les us et coutumes d'autres cultures[8].
   - Faites une thérapie si vous en éprouvez le besoin.

8. ***Affirmations pour recommencer à grandir (quand vous vous sentirez prêt(e)) :***
   - Je continue de découvrir qui je suis et j'essaie de savoir qui sont vraiment les autres au lieu de faire des suppositions gratuites.
   - Je suis une personne capable mais je demande de l'aide quand j'en ai besoin.
   - J'essaie de nouveaux rôles et j'apprends de nouvelles manières d'être efficace et fort.
   - Je me sens responsable de mes actes.
   - Je ressens chacune de mes émotions, je les accepte et j'agis en conséquence.
   - Je fais la différence entre l'imaginaire et la réalité.
   - J'aime ce que je suis.

Cinquième stade – La structure
De six à douze ans environ

Il est essentiel à ce stade d'en apprendre davantage sur la structure et de constituer la nôtre. Cela signifie comprendre le besoin et l'importance des règles et la liberté qui découle de règles adaptées. Réfléchir aux valeurs qui sous-tendent les nôtres est fondamental. Une autre tâche capitale nous attend à ce stade : il nous faut apprendre de nombreux savoir-faire.

1. ***Travail de l'enfant (au stade de développement auquel il se trouve) :***
   - Apprendre des savoir-faire, apprendre à tirer parti de ses erreurs et décider d'être à la hauteur.
   - Apprendre à écouter pour recueillir de l'information et réfléchir.
   - S'entraîner à penser et à agir.
   - Réfléchir sur les manques et les besoins.
   - Contrôler les règles familiales et découvrir les structures qui existent ailleurs.
   - Apprendre le bien-fondé des règles.
   - Faire l'expérience des conséquences du non-respect des règles.
   - Pouvoir être en désaccord avec les autres et continuer à être aimé par ceux-ci.
   - Évaluer les idées et les valeurs et en découvrir d'autres à l'extérieur de la famille.
   - Développer son contrôle interne.
   - Apprendre à savoir ce dont on est responsable et ce qui relève de la responsabilité des autres.
   - Apprendre à coopérer.
   - Se mesurer aux autres.

- S'identifier aux personnes de même sexe.
- Continuer à progresser dans les tâches des stades précédents.

2. ***Comportement typique de l'enfant :***
   - Pose des questions et recueille des informations.
   - Apprend de nouveaux savoir-faire et s'entraîne.
   - Appartient à des groupes ou à des clubs d'enfants de même sexe que lui.
   - Compare, teste, refuse, établit, enfreint les règles et fait l'expérience de leurs conséquences.
   - Défie les valeurs parentales, conteste et se dispute avec ses parents.
   - Peut être ouvert et tendre ou paraître avoir mauvais caractère et être réservé, ou passer d'une de ces attitudes à l'autre.

3. ***Affirmations pour « la Structure » :***
   - Tu peux réfléchir avant de dire « oui » ou « non » et tirer parti de tes erreurs.
   - Tu peux faire confiance à ton intuition pour t'aider à prendre une décision.
   - Tu peux trouver une manière de faire les choses qui te convienne.
   - Tu peux apprendre les règles qui t'aideront à vivre avec les autres.
   - Tu peux apprendre quand et comment être en désaccord avec les autres.
   - Tu peux penser par toi-même et te faire aider au lieu de rester désemparé.
   - Je t'aime même quand nous ne sommes pas d'accord ; j'aime grandir avec toi.

4. ***Attitudes parentales soutenantes :***
   - Soutenez l'enfant quand il accomplit les tâches nécessaires à son développement.

- Continuez à offrir amour, sécurité et protection.
- Encouragez les efforts des enfants pour faire les choses à leur façon.
- Donnez à l'enfant beaucoup d'amour et beaucoup d'encouragements quand il apprend de nouveaux savoir-faire.
- Soyez une source d'information fiable concernant les gens, le monde et la sexualité.
- Remettez en question son comportement et ses décisions. Encouragez les raisonnements de cause à effet.
- Soyez clair au sujet des responsabilités de chacun.
- Affirmez à haute voix les capacités des enfants à penser avec logique et créativité.
- Proposez des outils utiles à la résolution de problèmes.
- Établissez et appliquez les règles non-négociables et les règles négociables nécessaires.
- Donnez aux enfants l'occasion de faire l'expérience des conséquences naturelles de leur manière de faire les choses.
- Montrez-leur que vous tenez toujours à eux, même s'ils ne sont pas d'accord avec vous.
- Encouragez-les à séparer la réalité de l'imaginaire en leur demandant de s'exprimer avec précision.
- Soyez une personne responsable et encouragez les enfants à se sentir responsables de leurs décisions, de leurs opinions et de leurs sentiments. (Lisez « Encourageons la prise de responsabilités à travers le langage », appendice A.7).
- Encouragez l'acquisition de nouveaux savoir-faire dans des domaines qui intéressent les enfants, en leur donnant d'abord un professeur soutenant et enthousiaste, puis un enseignant qui insiste sur la qualité du travail accompli. Plus tard, pas avant

l'adolescence, offrez-leur un professeur qui puisse être un modèle ou un guide[9].
- Pour vous aider dans votre tâche de parent, consultez l'ouvrage de Jean Illsley Clarke[10].

5. ***Attitudes parentales néfastes :***
   - Appliquer les règles de façon aléatoire.
   - Vouloir que tout soit parfait.
   - Attendre de l'enfant qu'il apprenne des savoir-faire tout seul, sans aide ni directives.
   - Remplir tout l'emploi du temps de l'enfant avec des leçons particulières, des activités sportives ou des sorties. Il n'a alors plus l'occasion de vivre un temps non-programmé, temps qui lui permettrait de découvrir de nouveaux champs d'intérêts et d'apprendre l'importance des règles.
   - Ne pas admettre que l'enfant soit triste de temps à autre.
   - Appliquer des règles et des principes trop rigides **ou** faire preuve de laxisme.
   - Refus ou incapacité de discuter des valeurs et des croyances, de réévaluer les règles et d'attendre de l'enfant qu'il apprenne des savoir-faire pour devenir responsable de lui-même.
   - Dévaloriser l'enfant.

6. ***Signes indiquant qu'il est temps pour un adulte de recommencer à grandir :***
   - Avoir besoin de faire partie d'une « bande ».
   - Bien fonctionner seulement quand on est seul.
   - Ne pas comprendre l'importance des règles.
   - Ne pas comprendre que les règles peuvent être source de liberté.
   - Refuser de réfléchir à ses valeurs et à ses principes.
   - Avoir besoin de jouer les princes et les princesses.

- Faire davantage confiance à ce que pense le groupe plutôt qu'à sa propre intuition et à sa pensée.
- S'attendre à devoir faire les choses sans qu'on nous l'ait appris, sans savoir les faire ou sans y avoir réfléchi au préalable.
- Être peu disposé à apprendre de nouvelles choses et à être productif.

7. ***Activités qui permettent de recommencer à grandir :***
   - Utilisez et adaptez les conseils du paragraphe « Attitudes parentales soutenantes » de ce stade pour prendre soin du petit enfant qui est en vous.
   - Adhérez à un club et essayez de déterminer son règlement intérieur.
   - Regardez la télévision pendant une soirée et faites la liste des valeurs et des principes qui transparaissent. Dressez la liste du nombre de boissons alcoolisées, de boissons chaudes, de boissons sucrées, de scènes de violence, de scènes d'amour, etc.
   - Nettoyez et réorganisez quelque chose : une armoire, des tiroirs, une boîte à couture, une boîte à outils, etc.
   - Apprenez un nouveau système d'organisation.
   - Acquérez un nouveau savoir-faire.
   - Faites une thérapie si vous en éprouvez le besoin.

8. ***Affirmations pour recommencer à grandir (quand vous vous sentirez prêt(e)) :***
   - Je réfléchis avant de dire « oui » ou « non » et je tire parti de mes erreurs.
   - Je fais confiance à mon intuition pour m'aider à prendre une décision.
   - Je trouve une manière de faire les choses qui me convient.

- Je connais les règles qui m'aident à vivre avec les autres. J'en apprends de nouvelles au cours d'autres situations.
- Je sais quand et comment être en désaccord avec les autres.
- Je pense par moi-même et je me fais aider au lieu de rester désemparé.
- Je suis aimable même quand je ne suis pas d'accord avec les autres ; j'aime grandir avec eux.

Sixième stade – Identité, sexualité et séparation De treize à dix-neuf ans environ

Les tâches de ce stade sont centrées sur l'identité, la séparation et la sexualité.

1. ***Travail à accomplir par l'adolescent :***
   - Réussir à se séparer d'une façon plus nette d'avec sa famille.
   - Avancer vers son indépendance.
   - Apparaître petit à petit comme une personne distincte et indépendante, avec sa propre identité et ses valeurs.
   - Être responsable de ses besoins, de ses sentiments et de ses actes.
   - Intégrer la sexualité aux tâches des stades antérieurs.

2. ***Comportement typique de l'adolescent :***

Les adolescents font certains choix concernant leur identité et leur séparation d'avec leur famille en « recyclant » ou en retravaillant à certaines tâches des stades antérieurs (Être, Agir, Penser, Identité et pouvoir, Structure) à l'aide de nouvelles informations, mais aussi avec la tension troublante engendrée par leur sexualité naissante.

C'est pourquoi les adolescents peuvent se comporter en adultes à certains moments et de manière immature en d'autres occasions. Les âges auxquels ils « recyclent » les tâches des stades précédents sont les suivants* :

– Au début de la puberté, c'est-à-dire vers treize ans, l'adolescent « recycle » les stades « Être » et « Agir » ou étapes exploratoires de la petite enfance :

---

* Nous remercions Pamela Levin d'avoir distingué ces différentes étapes.

- Parfois indépendant, parfois demande à être nourri et chouchouté.
- Découvre de nouveaux domaines. Ne se préoccupe pas fréquemment du modèle et ne termine pas toujours ce qu'il a commencé.

– À quatorze ans, il « recycle » les tâches accomplies à deux ans et s'exerce à penser par lui-même :

- Est parfois raisonnable et compétent. A des poussées de rébellion.

– À quinze, seize et dix-sept ans, il « recycle » les tâches accomplies à trois, quatre ou cinq ans ainsi que l'étape « Identité et pouvoir » :

- Pose des questions du genre « pourquoi... » et « comment ça se fait... ». Recherche son identité en endossant de nouveaux rôles avec des camarades et des adultes de même sexe et de sexe opposé. Apprend à résoudre des problèmes complexes.

– De seize à dix-neuf ans, il « recycle » les tâches accomplies de six à douze ans ainsi que l'étape « Structure » :

- Se comporte en adulte et de manière responsable avec parfois des retours en arrière avec mise à l'épreuve des règles.
- Peut de temps en temps enfreindre les règles, ceci faisant partie du processus de séparation d'avec ses parents.

3. ***Affirmations pour « l'Identité, la séparation et la sexualité » :***
   - Tu peux savoir qui tu es et apprendre de nouvelles techniques utiles à ton indépendance.
   - Tu peux apprendre la différence entre les rapports sexuels et la nourriture affective, être responsable de tes besoins et de tes actes.

- Tu peux élargir tes centres d'intérêts, avoir tes propres amis et défendre les causes qui te sont chères.
- Tu peux utiliser tes talents anciens de manière nouvelle.
- Tu peux développer ta féminité ou masculinité et apprécier à l'occasion une forme de dépendance.
- J'attends avec impatience de connaître l'adulte que tu deviendras.
- Je t'aimerai toujours. Je te fais confiance pour demander mon soutien moral.

4. ***Attitudes parentales soutenantes :***
   - Soutenez l'adolescent quand il accomplit les tâches nécessaires à son développement.
   - Continuez à offrir amour, sécurité et protection.
   - Acceptez tous les sentiments de l'adolescent. Parlez-lui de vos premiers émois amoureux.
   - Faites face aux dévalorisations.
   - Déterminez les moyens par lesquels l'adolescent se sépare de vous et encouragez ceux qui l'aident à devenir indépendant.
   - Comprenez-le et soutenez-le quand il retravaille à des tâches des stades antérieurs.
   - Félicitez-le parce qu'il grandit et accueillez-le dans le monde des adultes.
   - Acceptez sa prise d'indépendance et l'identité qu'il est en train de se forger. Encouragez-le à « être ce qu'il est » tout en ayant un comportement social adapté. Cela peut être très différent de ce que ses parents attendaient ou rêvaient pour lui.
   - Pour vous aider dans votre tâche de parent, consultez l'ouvrage de Jean Illsley Clarke[11].

5. ***Attitudes parentales néfastes :***
   - Se montrer insensible et peu soucieux de son enfant.

- Refuser les contacts corporels affectueux.
- Répondre sexuellement au développement sexuel de l'adolescent.
- Utiliser des règles rigides, pas de règle du tout **ou** appliquer les règles de façon aléatoire **ou** refuser de les négocier.
- Ne pas attendre de l'adolescent qu'il pense et qu'il résolve lui-même ses problèmes.
- Se moquer cruellement de la sexualité naissante de l'adolescent, de ses rêves, de son apparence ou de ses amis.
- Refuser de reconnaître les attitudes autodestructrices ou les conduites d'échec de son enfant, qu'il s'agisse de drogues, d'absence d'amis ou de manque de centres d'intérêt.
- Essayer d'empêcher son enfant de se séparer de soi.
- Ne pas admettre que l'adolescent soit triste de temps à autre.
- Le dévaloriser.

6. ***Signes indiquant qu'il est temps pour un adulte de recommencer à grandir :***
   - Avoir des préoccupations excessives concernant la sexualité, le corps, les vêtements, l'apparence, les amis, l'identité sexuelle.
   - Douter de ses valeurs ; être extrêmement sensible à la pression exercée par les autres.
   - Éprouver des difficultés à commencer ou à cesser un travail, des rôles ou des relations avec les gens.
   - Être trop dépendant de sa famille et des autres ou au contraire mettre une trop grande distance par rapport à eux.
   - Se montrer irresponsable.
   - Éprouver de la difficulté à prendre et à tenir des engagements.

- Se chercher à travers le regard des autres.
- Confondre relations sexuelles et nourriture affective.
- Douter de sa masculinité ou de sa féminité et de sa capacité à susciter l'amour des autres.

7. ***Activités qui permettent de recommencer à grandir :***
   - Utilisez et adaptez les conseils du paragraphe « Attitudes parentales soutenantes » de ce stade pour prendre soin du petit enfant qui est en vous.
   - Écrivez un essai commençant par : « Ce que je souhaite réussir le plus, c'est de... »
   - Faites quelque chose pour une cause en laquelle vous croyez.
   - Ayez une longue discussion avec un conseiller au sujet de ce qui est important pour vous.
   - Changez de coiffure ou de « look », achetez de nouveaux vêtements...
   - Allez voir un film romantique ou lisez un roman érotique.
   - Séparez-vous d'une personne qui vous fait du mal.
   - Participez à un groupe de soutien.
   - Faites une thérapie si vous en éprouvez le besoin.

8. ***Affirmations pour recommencer à grandir (quand vous vous sentirez prêt(e)) :***
   - Je sais qui je suis et comment être indépendant.
   - Je veille à ce que ma soif d'amour soit satisfaite, à ce que mes désirs sexuels soient comblés et je fais en sorte d'y parvenir de manière responsable.
   - Je continue d'évaluer et d'approfondir mes centres d'intérêt, mes relations aux autres et les causes qui me sont chères.
   - J'apprends à utiliser mes savoir-faire anciens de façon nouvelle.

- Je fais en sorte que ma féminité ou ma masculinité s'affirme et j'évolue en conséquence.
- Je suis dépendant des autres quand j'en ai besoin et je demande de l'aide quand elle m'est nécessaire.
- Je recommence à grandir.
- Je m'aime ; je suis mon/ma meilleur(e) ami(e).

Les jeunes adultes vivant chez leurs parents

On ne s'arrête pas d'être parent quand ses enfants ont atteint dix-neuf ans ou vingt et un ans, ou plus. On le reste toujours. Un parent est toujours un parent. La manière d'offrir du soutien change au cours du temps mais l'amour et l'attention, elles, ne cessent jamais.

Beaucoup de jeunes traversent une période durant laquelle ils sont à la fois indépendants et dépendants car ils ne sont pas encore tout à fait autonomes financièrement ou affectivement. C'est pourquoi, ils éprouvent le besoin de vivre à la maison. Ce moment leur est rendu plus difficile si leurs parents les traitent comme des bébés, leur font la cuisine, s'occupent de leur linge, font le ménage à leur place, les entretiennent complètement sans attendre qu'ils participent à leurs dépenses ou leur demandent d'adhérer totalement à des règles établies au cours de leur adolescence.

Il est important que les parents et leurs enfants se rappellent certaines choses les concernant mutuellement.

- Les parents doivent toujours établir des règles non-négociables dans la vie de la famille pour tout ce qui touche à leurs valeurs et à leurs croyances. Les jeunes devront s'y plier tant qu'ils demeureront à la maison.
- La plupart des règles peuvent et devraient être négociées.
- Il est toujours préférable de prévoir les besoins, d'établir ou de négocier les règles, de planifier la division des tâches à accomplir avant d'arriver à un accord.
- Il vaut mieux négocier les attributions de chacun plutôt que de faire des suppositions hasardeuses à ce sujet.

- Il est naturel pour les parents d'aider leurs enfants devenus adultes tant que ce soutien ne se transforme pas en Attitude « Guimauve » ou en trop grande indulgence et tant que les parents le vivent bien.
- Il est normal que de jeunes adultes vivant encore chez leurs parents paient une pension, participent aux tâches ménagères et se conduisent avec la même considération et la même courtoisie que s'ils habitaient dans une autre famille.
- Il est important que les parents sachent que les jeunes peuvent se séparer d'eux de quatre façons différentes.

1. Certains quittent la maison puis y reviennent une fois adultes.
2. Certains restent à la maison et deviennent adultes.
3. Certains quittent la maison et y reviennent plusieurs fois.
4. Certains enfreignent les règles familiales pour que leurs parents les obligent à partir.

La manière de partir des jeunes peut être différente de celle que leurs parents ont employée à cette même époque de leur vie. L'important n'est pas la façon dont ils quittent la maison. L'essentiel est en effet qu'ils deviennent des adultes autonomes, capables de prendre leurs propres décisions et qu'ils soient désireux de nouer avec leurs parents des relations d'entraide.

- Il est important que les parents encouragent leurs enfants à devenir adultes et qu'ils les traitent comme tels, quel que soit l'endroit où ils vivent.
- Il est important que les jeunes adultes laissent leurs parents « grandir », observer, faire de nouvelles expériences, qu'ils les traitent comme des personnes qui continuent à se développer et qu'ils ne s'accrochent

pas aux images qu'ils avaient d'eux à quatre, neuf ou dix-sept ans.

- C'est une bonne chose que les jeunes prennent soin de leurs parents et qu'ils les appuient dans des domaines où ils possèdent des informations susceptibles de les aider.
- Il est merveilleux pour les jeunes adultes et leurs parents de s'apercevoir que ces années où ils se découvrent comme des adultes aimants et attentifs peuvent être source de satisfaction et de plaisir.
- Ceci peut être une occasion idéale pour les jeunes adultes et leurs parents de recommencer à grandir.

Septième stade – L'interdépendance À l'âge adulte

Le travail à accomplir par les adultes consiste en un passage de l'indépendance à l'interdépendance. Ils doivent régulièrement « recycler » les tâches des précédentes étapes de façon à ce qu'elles soutiennent leurs acquisitions de l'âge adulte* .

1. ***Travail à accomplir par l'adulte :***
   - Maîtriser des savoir-faire utiles pour son travail ou pour ses loisirs.
   - Trouver des « guides » et guider soi-même d'autres personnes.
   - S'épanouir dans l'amour et l'humour.
   - Offrir et accepter des relations intimes.
   - Accroître sa créativité et respecter le caractère unique de chaque personnalité.
   - Prendre ses responsabilités, soutenir la génération suivante ainsi que la précédente.
   - Trouver une aide permettant son épanouissement et soutenir les autres dans cette même tâche.
   - Étendre ses engagements au-delà de soi et de sa famille, jusqu'à sa communauté, le monde entier et peut-être plus loin encore[12].
   - Trouver le juste équilibre entre la dépendance, l'indépendance et l'interdépendance.
   - Augmenter son intégrité et sa spiritualité.
   - Affiner son art d'accueillir, de prendre congé et de faire le deuil de ce que l'on a perdu.

---

* Nous remercions Pamela Levin pour avoir décrit le processus qu'elle a intitulé « recyclage ». Vous pourrez en apprendre davantage sur ce sujet en consultant son ouvrage intitulé *Becoming the Way We Are.*

- Admettre son vieillissement et accepter l'idée de sa mort.

2. ***Comportement de l'adulte :***

Il existe plusieurs comportements caractéristiques des longues années de l'âge adulte. Ceux qui sont importants pour vous en ce moment sont ceux que vous accomplissez maintenant. Faites-en la liste.

....

....

....

....

3. ***Affirmations pour les adultes:***
   - Tes besoins sont importants.
   - Tu peux être toi-même avec tes caractéristiques uniques et respecter la personnalité des autres.
   - Tu peux être indépendant et interdépendant.
   - Tu peux, au cours des ans, élargir tes engagements vis-à-vis de toi-même, ta famille, tes amis, ta communauté et l'humanité entière.
   - Tu peux prendre des engagements vis-à-vis de tes principes, causes, rôles et tâches, et les examiner.
   - Tu peux être responsable de tes contributions à chacun de tes engagements.
   - Tu peux être créatif, compétent, productif et heureux.
   - Tu peux avoir confiance en ta sagesse.
   - Tu peux dire bonjour et au revoir aux gens, à tes rôles, rêves et décisions.
   - Tu peux terminer chaque étape de ton cheminement et envisager la suivante.
   - Ta capacité d'aimer mûrit et se développe.

- Tu es aimable à tous les âges de ta vie.

4. ***Attitudes adultes soutenantes :***
   - Réaffirmez sans cesse le travail à accomplir.
   - Ayez le désir de vous considérer avec amour, objectivité et indulgence.
   - Ayez le désir de fêter vos succès, petits ou grands.
   - Ayez le désir de vous épanouir et de changer.
   - Toutes les attitudes qui aident à l'accomplissement des affirmations.

5. ***Attitudes des adultes qui leur sont néfastes :***
   - Opposer des résistances.
   - Ne pas avoir envie d'apprendre, ne pas vouloir se développer et changer.
   - Être en rivalité avec les autres sur le plan affectif.
   - Avoir besoin d'imposer aux autres sa définition du monde.
   - Être passif, dépendant d'une drogue et codépendant.
   - Se dévaloriser.

6. ***Signes indiquant qu'il est temps pour un adulte de recommencer à grandir :***
   - Une trop grande dépendance.
   - La crainte d'être dépendant.
   - L'indépendance, si elle exclut l'interdépendance.
   - La difficulté à prendre et à tenir des engagements.
   - L'incapacité à changer de rôle.
   - La peur de vieillir.
   - La réticence à dire bonjour ou au revoir.
   - La difficulté à faire son deuil du passé puis à se tourner vers l'avenir.
   - Le besoin de vivre dans le passé.
   - Le besoin de vivre dans le futur.
   - Le besoin de vivre à travers les autres.

- Ne pas savoir ce dont on a besoin ou ne pas être capable de l'obtenir.
- Le recours à la dénégation et à la dévalorisation.
- La codépendance.

7. ***Activités qui permettent de recommencer à grandir :***
Deux sortes d'activités permettent de recommencer à grandir. La première consiste à déterminer certaines séquences de sa vie d'adulte et à les revivre, mais avec de nouvelles résolutions, en adoptant de nouvelles attitudes reflétant ce que nous voulons être. La deuxième activité consiste à reprendre chaque étape de son développement et à refaire les tâches spécifiques de ces stades autant de fois que nécessaire.

A. Activités générales pour recommencer à grandir

L'une des façons, c'est d'être à l'écoute de ses angoisses, de ses besoins, des indices que nous percevons dans notre vie quotidienne, de découvrir quel stade en est l'origine et d'utiliser les affirmations et les activités qui permettent de recommencer à grandir à cette étape de son développement.

Pour recommencer à grandir, on peut aussi sélectionner un thème et des activités qui permettront ensuite de le « recycler » à chaque étape du développement. Voici quelques exemples de thèmes :

- Savoir ce que je sais.
- Savoir que j'ai besoin de nourriture affective et l'admettre.
- Souhaiter être vu et être estimé.
- Être responsable de mes actes devant les autres.
- Construire des limites solides et non pas rigides.

Voici comment Éric est parti à la découverte du premier thème (« savoir ce que je sais »), tâche du premier stade ou étape de « l'Être ».

- Deux fois par semaine, il a choisi trois ou quatre activités qui l'encourageraient à « Être » simplement.
- Il s'est répété les affirmations de ce stade et s'est arrangé pour que l'on prenne soin de lui et qu'on lui offre ces affirmations de la manière qui lui convenait.
- Il a concentré ses efforts pour « Être » et pour savoir ce qu'il savait au sujet de son corps.
- Il a réfléchi à ce que son corps ressentait durant et après chaque activité.
- Il s'est fait donner un massage thérapeutique.
- Il a paressé dans un bain chaud, s'est promené sans but, le nez au vent et a écouté de la musique douce.
- Il a réclamé caresses et baisers aux membres de sa famille et leur a demandé de lui frictionnez le dos.
- Il a bu un chocolat chaud ; il a regardé des photographies de lui bébé ; il s'est visualisé comme un merveilleux nourrisson ; il a fait de l'exercice quand il en avait envie ; il a fait la sieste ou s'est reposé quand il était fatigué.

Nous pouvons nous servir de notre intelligence et de notre ingéniosité pour créer et vivre ces expériences au cours de notre vie quotidienne. Nous pouvons aussi trouver l'aide dont nous avons besoin dans un livre tel que celui de Muriel James[13]. Il nous faut quelquefois l'appui attentif et respectueux d'un groupe de soutien ou celui d'un thérapeute et d'un groupe thérapeutique.

La capacité à réfléchir est la force et le risque de l'âge adulte. Être tenté de ne pas panser ses plaies, de ne pas réfléchir à ce que l'on ressent et de ne pas s'occuper de son corps est un signal. Il indique que nous avons besoin d'une aide affectueuse pour faire face à nos vieilles défenses.

Trouver de nouvelles images parentales pour nous guider et nous prodiguer de la tendresse peut aussi nous faire du bien. Muriel James pense que nous avons besoin de nombreux bons papas, de nombreuses bonnes mamans et de beaucoup de personnes intelligentes avec lesquels nous pourrons réfléchir et nous divertir. Elles ne doivent pas nécessairement être les mêmes personnes.

Nous pouvons choisir un « nouveau parent », un thérapeute tel que le décrivent Jonathan et Laurie Weiss dans leur livre[14], ou établir un contrat avec d'autres adultes qui joueront dans certaines limites de nouveaux rôles de parent pour nous.

B. Recommencer à grandir en corrigeant certains épisodes de notre vie

Un autre type d'activité permettant de recommencer à grandir consiste à déterminer certains épisodes de notre vie d'adulte, à les revivre en se libérant des décisions et des sentiments négatifs et en conservant ceux qui sont positifs et nouveaux. En voici des exemples :

- Il s'est produit des événements fâcheux autour du mariage de Geneviève et Charlie. Ils ont alors pris la décision de refaire la cérémonie à leur façon cette fois-ci.
- Barbara éprouve des regrets concernant des incidents qui se sont produits le jour de ses quarante ans, alors elle a décidé de s'offrir une fête pour son anniversaire à une autre date.
- Beth éprouve des ressentiments au sujet de la manière dont elle a été renvoyée de son travail. Son groupe de soutien va alors mettre en scène, sous forme de jeu de rôle, un entretien de licenciement

plus respectueux. Beth indiquera ce qu'elle voudrait qu'il se soit passé.

- Parfois, nous ne parvenons pas à trouver un moyen de refaire certaines choses. Nous devons alors recourir à d'autres méthodes. Ted veut se libérer des sentiments qu'il éprouve au sujet de ce qu'il a vécu pendant la guerre du Viêt-Nam. Il a découvert un groupe thérapeutique créé pour aider les vétérans à pleurer et à panser les plaies de la guerre et de l'après-guerre.

Lorsque vous faites l'expérience de recommencer à grandir à l'âge adulte, il est important d'accueillir des sentiments et des enseignements nouveaux, de prendre des décisions nouvelles et saines au sujet de vous-même et de votre vie. Porter un regard neuf sur un événement de sa vie d'adulte fait du bien et apporte une certaine satisfaction. Quand cela ne suffit pas, c'est que nous devons retourner à un stade antérieur de développement pour panser certaines blessures.

8. ***Affirmations pour recommencer à grandir :***

Quand nous changeons de comportement ou de conviction, il est important de garder plusieurs choses à l'esprit. Premièrement, notre entourage peut ne pas apprécier nos transformations et être plus à l'aise avec la personne dont il a l'habitude. Il est possible qu'il essaie de nous empêcher de changer par tous les moyens ou qu'il entrave nos efforts. Faites-vous alors aider et persistez dans cette voie !

Deuxièmement, il se peut que nous ne soyons pas nous-mêmes ravis de nos changements. C'est le cas lorsque nous agissons précipitamment et que nous ne prenons pas le temps de respecter et de faire le deuil de nos anciennes décisions au fur et à mesure que nous les remplaçons.

Voici quelques affirmations permettant de recommencer à grandir :

- Je commence dès aujourd'hui.
- Construire mes défenses m'a pris beaucoup de temps. Je peux prendre le temps de panser mes blessures. Renforcer un point faible permet d'en fortifier d'autres.
- Me sentir « coincé » peut être le signal que je dois franchir un pas important. Je peux le vivre comme l'annonce d'une libération nouvelle et merveilleuse.
- J'ai tout le courage qu'il me faut ; plus je l'utilise, plus j'en ai.
- J'en vaux la peine.

Lorsque vous ferez les changements nécessaires, soyez assuré que si vous vous apercevez que vous avez fait ou dit quelque chose que vous regrettez, vous pourrez toujours vous excuser et recommencer d'une manière plus saine. Comme le disait le vieux menuisier : « Je préfère travailler le bois. Je peux le façonner et l'ajuster pour qu'il me serve. » Façonnez et ajustez votre comportement et vos paroles pour qu'ils vous servent ! Dire : « Je suis désolé(e) de t'avoir dit cela hier. Je vais essayer de faire mieux la prochaine fois » peut nous aider. Résoudre des problèmes ou des différends signifie faire des efforts, commettre des erreurs, les reconnaître, en tirer parti et les réparer dès aujourd'hui.

Soyez assuré que vous rencontrerez quelques surprises sur le chemin qui vous attend. Vous pourrez en célébrer certaines, vous affliger et en honorer d'autres. Examiner le passé et le présent pour y recueillir des informations utiles est nécessaire à la création d'un présent et d'un futur meilleurs. Le refus, la dénégation et les critiques vous maintiennent dans un présent douloureux et vous réservent un futur pénible.

Soyez assuré qu'une vie sans conflits est une utopie. Ceux qui y croient souffrent et font souffrir les autres. Prenez le chemin du courage. Soyez tenace et acceptez d'offrir votre amour et de recevoir celui que l'on vous donne.

Nous vous assurons que tout cela en vaut la peine. Nous avons conservé sur notre bureau cette inscription : « Les forêts seraient très silencieuses si seuls les rossignols chantaient ! » Alors chantez ! Un jour à la fois.

APPENDICE

Des outils pour grandir en famille

A.1 Comment leur demander de changer ?

(à utiliser avec la page 73)

De temps en temps, nous devons demander aux autres de changer d'attitude ou de comportement. Nous serons d'autant plus efficaces que nous aurons à notre disposition des façons variées de faire nos demandes. Voici onze méthodes pour demander aux gens de changer. En avoir onze ne garantit pas le succès, mais peut accroître nos chances de réussite. Si elles sont formulées d'une manière tendre et sur un ton ferme mais non menaçant, elles contribuent toutes à la construction de l'estime de soi et transmettent le message : « ***Tu es aimable et capable*** ». Les six premières méthodes sont utiles pour faire appliquer les règles. Les cinq autres peuvent être employées pour encourager une attitude ou un comportement responsable.

Voici une description de chaque méthode. Chaque méthode est accompagnée de deux exemples. Le premier s'adresse à un adolescent qui conduit trop vite ; le second concerne quelqu'un qui ne tient pas ses promesses.

Une aide pour appliquer les règles

1. ***Donnez des directives***

Description : les directives doivent être claires. Celles qui décrivent un état de fait ne sont d'aucune utilité, comme : « Sois une gentille petite fille. » Décrivez plutôt le comportement que vous attendez : « N'oublie pas de dire s'il vous plaît et merci. »

Exemples :

- « Ralentis. Tu te mets en danger et tu mets aussi les autres en danger. Respecte la limitation de vitesse. »
- « Tiens tes promesses. »

2. ***Rappelez la règle, le contrat ou la promesse faite***

Description : quand vous rappelez une règle, un contrat ou une promesse vous encouragez votre interlocuteur à réfléchir, à se souvenir de ceux-ci et à agir.

Exemples :

- « Rappelle-toi les règles concernant la sécurité routière. »
- « Jeudi, tu m'as promis quelque chose pour mon anniversaire. »

3. ***Proposez un choix entre deux choses***

Description : on qualifie souvent cette technique de « méthode Grand-Mère », comme : « Vas-tu enfin t'habiller ou dois-je t'habiller moi-même ? » quand rester en pyjama n'est pas envisageable. Les deux propositions doivent être quelque peu semblables et ne doivent pas comporter de menace. Ces options sont limitées et incitent à l'acquiescement et à l'obéissance.

Exemples :

- « Es-tu disposé à respecter la limitation de vitesse ou dois-je conduire aujourd'hui ? »
- « Tu m'as promis de donner un coup de balai dans le garage, aujourd'hui. Vas-tu le faire ce matin ou cet après-midi ? »

4. ***Énoncez vos attentes***

Description : dites simplement et clairement quel comportement vous attendez.

Exemples :

- « Tu es important pour moi. Je tiens à ce que tu conduises calmement. »
- « Je compte sur toi pour tenir ta promesse. »

5. ***Faites une demande assortie de conséquences***

Description : une demande assortie de conséquences est souvent considérée comme un ordre suivi d'une conséquence négative, par exemple « Fais ce qu'on te dit ou va-t'en ! » Il peut y avoir aussi une conséquence positive, comme dans : « Continue à bien travailler à l'université et tu seras reçu avec mention. »

Exemples :

- « Respecte la limitation de vitesse. À chaque fois que tu la dépasseras, tu n'auras pas la voiture pendant le week-end. »
- « Ne tiens pas ta promesse et je serai furieux contre toi ! » « Tiens ta promesse et je serai très fier de toi. »

6. ***Avertissez votre interlocuteur de l'issue possible de son comportement***

Description : un avertissement rappelle aux gens qu'ils doivent réfléchir aux issues possibles, positives ou négatives, d'un comportement ou d'une attitude.

Exemples :

- « Réfléchis à ce qui arrive aux gens qui conduisent souvent trop vite. Est-ce ce que tu veux pour toi ? »
- « Si tu continues à ne pas tenir tes promesses envers moi, je n'aurai plus envie de te faire confiance. »

Une aide pour encourager la prise de responsabilités

7. ***Proposez une aide***

Description : offrez une aide de façon générale ou de manière plus spécifique. Évitez de proposer de décharger la personne de ses responsabilités.

Exemples :

- « Je suis inquiet pour ta sécurité quand tu vas trop vite. Veux-tu que je t'aide d'une quelconque façon ? »
- « Veux-tu que je te donne des idées pour t'aider à tenir la promesse que tu m'as faite ? »

8. ***Faites une requête***

Description : une requête est une question qui commence par ces mots « Voudrais-tu bien... » ou « Veux-tu... » ou « Est-ce que quelqu'un voudrait bien... » Ne faites une requête **que si** les deux réponses, affirmatives et négatives, sont acceptables. Demander : « Veux-tu mettre la table ? » et s'entendre répondre « non », puis dire « Eh bien, mets-la quand même ! » est malhonnête et les questions malhonnêtes entraînent des réponses malhonnêtes.

Exemples :

- « Voudrais-tu conduire moins vite ? »
- « Tu nous as promis de venir au cinéma avec nous ce soir. As-tu toujours l'intention d'y aller ? »

9. ***Exposez un sentiment***

Description : exposez un sentiment, positif ou négatif, et reliez-le à un comportement. Reconnaissez que ce sentiment est vôtre. Dites : « Je suis... » Ne projetez pas votre sentiment sur l'autre en disant : « Tu me... »

Exemples :

- « J'ai peur quand tu conduis aussi vite. »
- « Je suis content que tu aies tenu ta promesse envers moi. »

10. ***Exposez un souhait***

Description : dites quel comportement particulier vous souhaiteriez que la personne adopte. Évitez les généralités telles que « J'aimerais que tu fasses mieux » ou « J'aimerais que tu sois une bonne petite fille ».

Exemples :

- « J'aimerais que tu respectes la limitation de vitesse. »
- « J'aimerais que tu t'estimes suffisamment pour prendre tes promesses au sérieux. »

11. ***Proposez ou découvrez plusieurs autres options***

Description : cette méthode consiste à faire plusieurs suggestions ou à proposer à son interlocuteur de déterminer différentes options. Elle va ainsi plus loin que la « méthode Grand-Mère ».

Exemples :

- « Tu dis que c'est amusant de conduire vite. Y a-t-il six autres activités que tu pourrais faire sans danger et qui sont amusantes ? »
- « Tu n'as pas tenu tes promesses récemment. Réfléchissons à ce que tu pourrais faire. Tu pourrais continuer à ne pas les tenir et en supporter les conséquences. Tu pourrais cesser de faire des promesses quand tu n'as pas l'intention de les tenir. Tu pourrais faire en sorte d'agir

quand un problème apparaît pour ne pas être ensuite obligé de faire toutes ces promesses. Quelles options peux-tu envisager ? »

Ces onze méthodes ne sont pas adaptées à toutes les situations. Notez que les paragraphes « Faites une requête » et « Exposez un souhait » ne seraient pas des choix à utiliser pour des raisons de sécurité en présence d'un adolescent qui conduit trop vite.

Activités en famille

Demandez à chacun des membres de votre famille de déterminer les trois méthodes qu'ils préféreraient que vous utilisiez quand vous souhaitez leur demander de faire des changements.

Quand il est question d'un comportement particulier, écrivez un exemple de demande pour chacune des onze méthodes proposées. Choisissez celle qui sera vraisemblablement la plus efficace. Essayez-la. Si elle ne marche pas, essayez-en une autre.

A.2
Utilisons des contrats

(à utiliser avec la page 64)

Les contrats peuvent être des outils très utiles pour instaurer un nouveau comportement dans une famille. Ils pourront être proposés par un enfant ou par l'un des parents quand leur désir commun est de travailler ensemble à la résolution d'un problème.

Quand vous avez établi un contrat oral avec un enfant âgé de six ans ou plus, il est parfois bon de le représenter. Utilisez des symboles, des images, des dessins ou cette forme de contrat écrit.

Le contrat

Objectif commun ou problème : John n'a pas de vêtements propres pour aller à l'école.

	L'ENFANT JOHN, ÂGÉ DE DIX ANS	LE PARENT MAMAN
Éléments de base Décrivez la situation ou le comportement actuel.	*Prête ses vêtements et ses jouets et ne les récupère pas. N'a plus assez de vêtements propres pour tenir jusqu'au prochain lavage.*	*Veut que John ait des vêtements propres pour aller à l'école.*
Changement Décrivez la situation ou le comportement désiré.	*Cessera de prêter ses vêtements d'école. Pourra prêter ses jouets comme il veut.*	*N'ennuiera pas John au sujet de l'absence de ses vêtements et de ses jouets.*

Avantages du changement de comportement proposé	*Apprend à dire « non » à ses amis et à être responsable de ses vêtements. Apprend à connaître les conséquences du prêt de ses jouets.*	*N'aura pas à acheter des vêtements pour remplacer ceux que John aura prêtés. Ne se fâchera pas contre lui.*
Effort/Action Quand, où, quoi, comment, combien de temps	*S'assurera qu'il sait bien quels sont ses vêtements d'école. Ne prêtera plus ceux-ci. Choisira quelques vieux vêtements qu'il pourra prêter.*	*N'ennuiera pas John au sujet de ses vêtements. Veillera à ce qu'il ait des vêtements d'école en quantité suffisante et les lavera régulièrement.*
Aide sollicitée	*Papa et Maman complimenteront John pour ses succès lors de la réunion familiale hebdomadaire.*	*John complimentera Papa et Maman lors de la réunion familiale hebdomadaire pour ne l'avoir pas ennuyé.*
Récompenses Conséquences positives et fêtes	*Si Maman et John tiennent leurs engagements pendant deux semaines, ils joueront au golf-miniature pour fêter leur succès.*	
Sanctions Conséquences négatives	*John doit rembourser les vêtements d'école qu'il a perdus avec son argent de poche. S'il n'a pas assez d'argent, il fera les courses ainsi que des petits travaux dans le jardin pour rembourser la différence.*	*Maman fera une des tâches qui incombe normalement à John ou elle lui achètera un T-shirt.*

A.3
Des querelles créatives

(à utiliser avec les pages 74 et 86)

Une forme d'intimité distante
(Extrait du livre, ***Creative Hassling***
de Sally Dierks, reproduit avec son autorisation.)

Les querelles créatives constituent un moyen agréable de passer un moment avec un jeune, de lui prodiguer un soutien, et d'être à la fois distant et intime avec lui. Les enfants scolarisés et les adolescents touchent moins leurs parents que lorsqu'ils étaient petits. C'est pourquoi, ils ont besoin de découvrir de nouvelles façons d'établir des contacts corporels et d'avoir une forme d'intimité avec eux tout en conservant une distance sociale. Certains enfants l'obtiennent en se querellant avec leurs parents.

Que sont les querelles créatives ?

Les querelles créatives constituent pour les parents un moyen d'entrer en contact avec les enfants, qui est soutenant, rassurant, provocant, gratifiant, coopératif et amusant. Utilisez-les quand vous souhaitez amorcer, en badinant, une relation avec votre enfant au sujet d'un problème ou d'un conflit. Les cinq étapes de la querelle sont :

- l'invitation,
- l'acceptation,
- la querelle,
- la clôture,
- la fête.

Se quereller ainsi, c'est reformuler en termes positifs des communications négatives au départ et attirer l'attention de l'autre sur le caractère « grandiose » des échanges ; c'est aussi encourager un mode de pensée différent d'une façon soutenante et saine.

Il faut comme condition préalable aux querelles créatives, que l'adulte soit disposé à être responsable du processus, qu'il veuille bien passer du temps à se quereller et qu'il le fasse en étant attentif à lui-même et à l'autre. N'acceptez ce rôle que si vous souhaitez faire régner un climat d'affection, de protection et de respect, et si vous avez envie d'écouter, de prendre plaisir à taquiner et à être taquiné en retour. En acceptant cela, vous permettrez à l'enfant d'explorer des idées, de voir quelles en sont les conséquences et d'être sur un pied d'égalité avec vous. Une autre condition préalable aux querelles créatives est que chacun comprenne que gagner n'est pas l'objectif. L'objectif est l'intimité, une forme distante d'intimité.

Les querelles créatives ne doivent être utilisées ***que lorsque les responsabilités de chacun ont déjà été déterminées.*** Elles ne constituent pas un moyen d'établir les règles. La manière dont chacun s'acquittera de ses responsabilités peut, en revanche, être un thème de querelle.

Imaginons que votre fils de treize ans a pour tâche de préparer le déjeuner cette semaine. Une séquence de querelle créative pourrait se dérouler ainsi :

Invitation	La mère :	***Vas-tu préparer le déjeuner maintenant ?***
Acceptation	Le fils :	***Je ne vais pas déjeuner tout de suite.***
	La mère :	***Prépare quand même le déjeuner pour nous.***

Querelle	Le fils :	***Pourquoi c'est toujours moi qui dois faire le déjeuner ?***
	La mère :	***Toujours ? Tous les jours de ta vie ? (Elle saisit son fils à bras-le-corps et lui frotte le dos.) Pendant combien de temps veux-tu te chamailler avec moi ? Cinq minutes ? Dix minutes ? Quel genre de querelle désires-tu ?***

Ils se bagarrent un peu en veillant à ne pas se faire mal.

Le fils :	***Arrête, tu me pinces !***
La mère :	***Pourquoi est-ce que ma peau ne s'étire pas comme ça ? Comment ça se fait que tu es si beau ?***
Le fils :	***C'est parce que j'ai une maman très belle et très intelligente.***
La mère :	***Nous sommes tous les deux très beaux et très intelligents, n'est-ce pas ?***
Le fils :	***Trop beau pour préparer le déjeuner maintenant.***
La mère :	***Trop beau pour ne pas préparer le déjeuner maintenant.***
Le fils :	***J'aurais dû arrêter quand j'avais le dessus.***

Clôture	Tous deux :	***Rires.***
	La mère :	***Vas-tu préparer le déjeuner maintenant ?***
	Le fils :	***Ouais.***
	La mère :	***Merci. Cela fait du bien de se chamailler avec toi.***

Que vient-il de se produire ? La mère et le fils ont passé un moment agréable ensemble ; ils ont accepté d'avoir des contacts corporels et ont reconnu les règles déjà établies.

Questions préliminaires que vous devez vous poser au sujet des querelles créatives

1. Est-ce que vous êtes, vous l'adulte, disposé à passer un certain temps à vous quereller ?

2. Serez-vous conscient de vos sentiments et y prendrez-vous du plaisir ? (Si vous ne vous amusez plus, arrêtez la querelle créative et appliquez les règles ou résolvez le problème posé.)

3. Les règles et les responsabilités de chacun dans la famille sont-elles claires ?

4. Êtes-vous disposé à écouter ?

5. Êtes-vous disposé à laisser de côté momentanément la logique et à jouer avec des alternatives, même si elles sont ridicules ?

Si votre réponse à chacune des questions ci-dessus est « oui », vous êtes prêt à commencer le processus.

Le processus des querelles créatives

1. Amorcez la querelle.
2. Voyez si votre interlocuteur accepte de se quereller avec vous.
3. Tenez-vous-en aux choses et aux comportements. Eux seuls peuvent être l'objet de la querelle créative, pas les sentiments.
4. Considérez que tous les propos tenus sont positifs et bienveillants.
5. Redéfinissez ou reformulez de manière positive les propos qui vous semblent négatifs.
6. Amusez-vous à tenir des propos exagérés.
7. Proposez des alternatives et suscitez une pensée souple.
8. Affirmez votre importance ainsi que celle de votre enfant. Considérez que vous êtes tous deux gagnants.
9. Achevez la querelle créative en faisant un compliment à l'autre personne.

Les querelles créatives, outre l'intimité qu'elles apportent, peuvent être utilisées pour éviter des conflits d'autorité. Elles ne sont efficaces que lorsque les deux partenaires sont disposés à jouer le jeu.

A.4
Le tableau des règles familiales

(à utiliser avec les pages 76 et 87)

Les familles ont besoin de règles claires. Il faut que celles-ci soient affichées pour que chacun puisse les voir. Ne pas le faire entraîne confusion et manipulation. En cas de besoin, il est plus facile de contester et de changer une règle qui a été placardée.

Deux types de règles permettent aux familles de réussir. Le premier concerne les relations avec les autres et le respect de soi. Le second a trait aux tâches et aux responsabilités attribuées à chacun dans la maison. Les éléments des listes ci-dessous constituent des suggestions et des exemples. Utilisez les règles qui conviennent à votre famille et ajoutez celles dont vous avez besoin et qui ne figurent pas dans la liste.

Règles pour les personnes

1. Pensez et ressentez par vous-même.

2. Dites la vérité. Dites « oui » quand vous voulez dire « oui » et dites « non » quand vous voulez dire « non ».

3. Déterminez ce dont vous avez besoin.

4. Demandez clairement ce que vous voulez et ce qu'il vous faut.

5. Respectez-vous et respectez les autres. Aidez-vous et aidez les autres.

6. Affirmez-vous et aidez les autres à le faire.

7. Soyez responsable de vos actes.

8. Coopérez.

9. ....

10. ....

Règles pour la maison

1. Faire son lit avant le petit déjeuner.

2. Mettre ses vêtements sales dans le panier à linge juste après s'être déshabillé.

3. Nettoyer sa chambre avant samedi midi.

4. Terminer son travail dans le jardin avant samedi, quatre heures.

5. Mettre la table pour le dîner avant sept heures ou terminer de laver la vaisselle moins d'une heure après le repas.

6. ....

7. ....

A.5
La boîte à colère

(à utiliser avec les pages 81, 178 et 204)

Utiliser une « boîte à colère » est un moyen rapide de reconnaître l'énergie générée par la colère et de la canaliser afin de s'en servir pour résoudre le problème posé. En revanche, elle ne permet pas d'atténuer une rage intense issue de traumatismes du passé. Celle-ci sera souvent mieux gérée dans le cadre d'une thérapie.

La « boîte à colère » est un outil qui peut être employé lorsque la colère nous empêche de résoudre un problème ou quand nous pensons sans cesse à quelque chose qui nous a contrarié. Une colère enfouie ou déniée ne fera que réapparaître plus tard sous forme de symptômes physiques ou de pensées parasites.

La rage, comme toutes les émotions est un signal qui nous informe de ce qui se passe. La dénier nous prive de renseignements importants. S'y accrocher nous emprisonne dans notre ressentiment. L'exprimer, nous en délivre et nous permet de résoudre les problèmes posés.

Quelquefois, dans le feu de la réaction, les gens peuvent exprimer leur colère avec des mots. Mais, ce n'est pas toujours sage de la laisser paraître. Il existe d'autres moyens de l'évacuer. On peut respirer profondément six fois. On peut éprouver le besoin de se plaindre, de crier, de faire des histoires ou d'extérioriser sa rage physiquement, en jouant au « racquetball » ou en tapant dans un « punching bag ». L'important, c'est de s'attaquer au problème à résoudre après avoir eu recours à l'une de ces méthodes et après avoir évacué ses sentiments négatifs.

Utiliser une « boîte à colère » prend de trois à cinq minutes. Réfléchissez bien aux « règles du jeu » et au contrat que vous avez passé avec vous-même afin d'exprimer votre colère vigoureusement mais brièvement et de toujours veiller ensuite à résoudre le problème.

L'objet d'une « boîte à colère » est d'aider les gens à :

- clamer leur droit à être en colère.
- posséder un moyen d'exprimer leur rage sans blesser personne et sans que les autres interfèrent.
- montrer que c'est à eux de gérer leur colère.
- recueillir des informations à partir de ce qu'ils ressentent.
- utiliser leur énergie pour résoudre le problème posé.

Comment utiliser une « boîte à colère » ?

1. Tenez-vous debout dans une solide boîte en carton.

2. Fâchez-vous. Dites tout ce que vous voulez ; exagérez si vous en avez envie.

3. Donnez des coups de pied dans la boîte si vous en avez envie.

4. Sentez votre énergie passer de la colère au calme.

5. Sortez de la boîte.

6. Prenez au moins une décision qui améliorerait la situation et appliquez-la.

Précautions à prendre

1. Choisissez soigneusement l'endroit où vous utiliserez la boîte. Utilisez-la uniquement si vous êtes seul(e) ou dans un lieu où l'on vous aime et où personne n'essaiera de vous interrompre ou de vous apaiser et surtout pas en présence de l'objet de votre colère. Ne vous en servez pas devant des enfants de moins de deux ans. L'em-

ployer devant des enfants de plus de deux ans apprend à ceux-ci que la colère est un signal qui indique qu'il y a un problème. Cela leur montre aussi que l'on doit exprimer sa rage de manière inoffensive et qu'il faut se servir de l'énergie véhiculée par la colère pour résoudre le problème posé.

2. N'utilisez pas une « boîte à colère » pour laisser éclater votre rage ou votre frustration si vous ne faites rien ensuite au sujet de la situation. Cela ne vous servirait qu'à vous accrocher à votre ressentiment et à vous rendre la vie plus difficile au lieu de vous la faciliter.

A.6
Comment se libérer des doubles contraintes

(à utiliser avec la page 169)

Qu'est-ce qu'une double contrainte ?

Une double contrainte est un ensemble de deux ou plusieurs messages qui sont ou semblent vrais quand ils sont transmis séparément mais qui, associés, sont contradictoires. Ils créent un problème et entraînent confusion, colère, peur ou impuissance. Ces messages peuvent être transmis :

- Oralement et simultanément. Heather dit ainsi : « Raconte-moi ton week-end en détails maintenant mais je dois partir dans cinq minutes. »
- Oralement pour l'un et autrement pour l'autre, et ce simultanément. Heather dit : « Raconte-moi ton week-end en détails maintenant » puis elle sort de la pièce.
- Oralement pour l'un et autrement pour l'autre, et ce à des moments différents. Heather dit : « Je veux que tu me racontes ton week-end en détails bientôt. Cela m'intéresse. » Pendant six mois, vous lui proposez de lui en parler à plusieurs reprises. À chaque fois, Heather dit combien cela l'intéresse mais ne prend pas le temps d'en discuter.

Exemples de doubles contraintes

« Je t'aime. » / « Ne me dérange pas. »
« Réussis. » / « Sois dépendant. »
« Grandis. » / « Ne grandis pas. »
« Sois unique. » / « Fais ce que je te dis de faire. »
« Sois parfait. » / « Ne sois pas meilleur que moi. »
« Fais toujours plaisir aux autres. » / « Défends-toi. »

Comment contrer les doubles contraintes et résoudre les problèmes qu'elles engendrent ?

Pensez à une double contrainte que vous avez reçue ou choisissez-en une dans la liste ci-dessus pour vous entraîner. Répondez à chacune des questions suivantes.

1. La relation que j'ai avec la personne qui m'a transmis ce double message, ou le contrat que j'ai passé avec elle, sont-ils importants ? Vais-je ignorer les deux messages et laisser tomber cela tout simplement ou dois-je m'en occuper d'une façon ou d'une autre ?

2. Si je souhaite m'en occuper, ou si je dois le faire, quel est alors mon objectif ? (Mon objectif peut être, par exemple, de conserver mon poste.)

3. Puis-je atteindre mon objectif en faisant face à ce double message ? Serait-il sage de dire à mon interlocuteur : « C'est stupide. Je ne peux pas faire en même temps deux choses opposées. Choisis-en une. » ?

4. Si cela n'est pas raisonnable, y a-t-il quelque chose dans l'un des deux messages qui pourrait me servir pour atteindre mon but ? Si oui, puis-je ignorer ou contourner l'autre message ? Puis-je répondre à l'autre message d'une manière non destructive et minimale ?

5. Si ma relation ou la situation est importante et si aucune des questions ci-dessus ne me permet de résoudre cette double contrainte, il est peut-être temps que je me pose la question suivante : ce double lien est-il insignifiant ou dois-je établir une nouvelle relation ou rechercher une autre situation ?

Les enfants et les doubles contraintes

Les enfants, comme les adultes, ont besoin de posséder des savoir-faire pour affronter les doubles contraintes.

Parce qu'elles clouent sur place celui qui les reçoit, les doubles contraintes éveillent des sentiments violents. Il faut que les enfants soient aidés pour gérer ces sentiments et pour réfléchir à ce qu'ils pourraient faire. Les parents peuvent :

- Montrer aux enfants ce que sont les doubles contraintes et leur expliquer combien elles sont destructrices.
- Apprendre aux enfants à déterminer des options permettant de résoudre les dilemmes créés par les doubles contraintes.
- Permettre aux enfants d'écouter et de voir comment leurs parents affrontent les doubles contraintes.
- Encourager les enfants à mettre le doigt sur les doubles contraintes pour que leurs parents puissent ensuite remplacer les mots et les comportements source de conflit par de la nourriture affective et par une structure claire.
- Enseigner aux enfants à respecter leurs sentiments et à les utiliser pour reconnaître les doubles contraintes.

Parce que les doubles contraintes engendrent des sentiments contradictoires, il n'est pas toujours efficace de demander aux enfants ce qu'ils ressentent. Il vaut mieux les aider à trier leurs sentiments avec des exercices tels que celui qui va suivre.

Le jeu des grimaces – La parole au bout des doigts*

Utilisez les images en forme de ballons de la planche intitulée : « Des hauts et des bas » de la page 261.

- Dites à votre enfant que vous allez jouer au jeu des grimaces et que cela l'aidera à comprendre les doubles contraintes.

---

* Nous remercions Carole Gesme de nous avoir donné la permission de reproduire la planche intitulée « Des hauts et des bas » issue d'une série de jeux qu'elle a créés. Reproduit avec son autorisation.

- Dites-lui une double contrainte « Je t'aime » / « Je t'ignore ». Demandez-lui de vous montrer le ou les visages qui correspondent à ce qu'il ressent quand vous énoncez ce double message. Notez ou rappelez-vous quels visages l'enfant a désignés pour vous y référer plus tard. Ne cherchez pas à nommer ces sentiments à ce moment-là. Les enfants jeunes ne connaissent pas encore beaucoup de mots pour les qualifier.
- Dites l'un des messages « Je t'aime. ». Demandez à l'enfant de désigner le ou les visages correspondants à ce qu'il ressent quand il n'entend que ce message. Notez-les.
- Dites-lui l'autre message « Je t'ignore. ». Demandez-lui de désigner le ou les visages correspondants à ce qu'il ressent quand il n'entend que ce message. Notez-les.
- Dites-lui que les gens ont des sentiments pour les aider à savoir ce qu'ils doivent faire. Apprenez-lui que les doubles contraintes sont déstabilisantes, en partie parce qu'elles sont source de sentiments différents.
- Apprenez-lui qu'il doit chercher un réconfort s'il est triste ; s'il a peur, il doit chercher de l'aide ou se protéger ; s'il est heureux, il doit savourer sa joie et peut-être la partager avec quelqu'un ; s'il est en colère, il faut qu'il réfléchisse à la manière d'obtenir ce dont il a besoin ; s'il est perturbé et s'il a besoin d'informations, il doit les obtenir ; s'il ressent un mélange de sentiments, c'est peut-être parce qu'il a affaire à une double contrainte.
- Revenez aux visages que l'enfant a désignés. Aidez-le à déterminer ses besoins et à obtenir soutien, sécurité, encouragements, des idées pour résoudre ses problèmes, des informations et tout ce qui peut lui être utile. Si vous souhaitez lui apprendre des noms d'émotions, c'est le moment idéal pour le faire.

Si votre enfant est confronté à un dilemme engendré par une double contrainte, avec des amis ou à l'école, utilisez la planche intitulée « Des hauts et des bas » de la page 261 ainsi que les questions présentées plus haut. Elles vous permettront de l'aider à ressentir, à penser et à décider de ce qu'il doit faire. Elles vous donneront peut-être aussi la possibilité de choisir la manière dont vous le soutiendrez par la suite.

Comment les adultes peuvent-ils recouvrer leur capacité à reconnaître leurs sentiments ?

Certains adultes ont grandi au milieu des doubles contraintes. Pour s'en sortir, ils ont refoulé leur désarroi et ont fait comme si les doubles contraintes étaient normales. À l'âge adulte, ces personnes ne posséderont pas les techniques de protection contre les dilemmes destructeurs engendrés par les doubles contraintes. Elles les transmettront probablement elles-mêmes sans s'en apercevoir. Un des moyens par lequel les adultes peuvent reconnaître leurs sentiments consiste à utiliser leurs doigts pour leur montrer ce que leur tête a été obligée d'oublier. Ce que la tête oublie, le corps, lui, s'en souvient. Alors, si vous êtes une de ces personnes, servez-vous de la planche « des hauts et des bas ». Elle vous permettra de reconnaître vos sentiments. Faites-le seul(e), avec quelqu'un d'autre ou avec un groupe de soutien. N'employez pas le mot « sentiment » et n'essayez pas de nommer ces sentiments. Demandez seulement à votre doigt de désigner le visage qui illustre ce que vous ressentiez quand il vous disait qu'il vous aimait, quand il était soûl, quand elle disait qu'il n'était pas soûl mais qu'il était malade ou quand elle disait que c'était votre faute.

Vous pouvez vous servir de l'information donnée par votre doigt pour réfléchir à vos besoins d'alors et à ceux qui nécessitent une prise de conscience aujourd'hui.

Transformer les doubles contraintes en messages compatibles

Au fur et à mesure que vous réfléchirez aux doubles contraintes et que vous reconnaîtrez les sentiments qu'elles déclenchent en vous, vous prendrez conscience de celles que vous émettez. Si vous pensez avoir transmis un message contradictoire à quelqu'un, demandez-lui s'il l'a perçu comme tel. Voyez si ce message entraîne vraiment un conflit ou imaginez que c'est vous qui le recevez. Utilisez alors la planche des grimaces et laissez la parole à vos doigts. Si vous avez effectivement envoyé une double contrainte, réparez votre erreur et dites clairement, simplement, ce que vous désirez.

DES HAUTS ET DES BAS

• UTILE • JALOUX • CONTENT • BLESSÉ • CHANCEUX • FATIGUÉ • JOYEUX • ÉTONNÉ •

SPÉCIAL • STUPIDE • COURAGEUX • FAIBLE • DÉGOURDI • COUPABLE • DÉPRIMÉ • CONFIANT • REJETÉ • LIBRE • DÉGOÛTÉ

INSOUCIANT • GÊNÉ • APEURÉ • AIMABLE • HONTEUX • CAPABLE • TRISTE • ÉNERVÉ • FÂCHÉ • VIVANT • DÉÇU

• NON DÉSIRÉ • PERSONNE DE CONFIANCE • SEUL • HEUREUX • SALE • INQUIET • EFFRAYÉ •

A.7
Encourageons la prise de responsabilités à travers le langage

(à utiliser avec les pages 177, 208 et 213)

Encourager ses enfants à prendre leurs responsabilités fait partie des tâches parentales importantes. En tant qu'adultes désireux de continuer à grandir, prendre ses responsabilités, c'est satisfaire ses besoins propres et valoriser ceux des autres.

Voici six recommandations suggérées pour aider les parents à utiliser un langage responsable. Elles les aideront à agir de manière responsable, à enseigner à leurs enfants à se responsabiliser et à devenir indépendants. Prendre l'habitude d'utiliser un langage responsable permettra à la famille de passer des engrenages malsains et de la codépendance à une sollicitude, une indépendance et une interdépendance plus saines.

Recommandations pour un langage responsable

1. Demandez sans détour ce que vous voulez ou ce qu'il vous faut.
2. Pensez et ressentez par vous-même, ne pensez pas pour les autres.
3. Soyez responsable de vos sentiments et soyez sensible à ceux des autres.
4. Dites « oui » ou « non » simplement.
5. Rappelez-vous que seules les personnes sont responsables de leur comportement, pas les choses.
6. Répondez aux questions franchement.

Voici maintenant six recommandations pour une communication efficace. Vis-à-vis de celles-ci se trouve une liste des façons de communiquer irresponsables ou codépendantes. Chaque principe est particulièrement important quand il s'agit de traverser ou de « recycler » le stade de développement dont il est question, stade décrit au cours de la quatrième partie de ce livre.

Premier stade

RESPONSABLE :	IRRESPONSABLE :
Demandez sans détour ce que vous voulez ou ce qu'il vous faut. Dites ce qu'il y a à faire et qui doit s'en charger.	Impliquer que quelqu'un doit faire quelque chose, manipuler.
Exemples : « Est-ce que tu peux me donner quelque chose à boire ? »	*Exemples :* « J'ai soif. »
« Viens déjeuner. »	« La soupe refroidit. »
« Est-ce que tu as de l'argent pour le mettre sur notre compte conjoint, aujourd'hui ? »	« Le compte est à découvert. »

Deuxième stade

RESPONSABLE :	IRRESPONSABLE :
Pensez et ressentez par vous-même, ne pensez pas pour les autres.	Penser et sentir pour les autres.

Exemples : « J'aime cela. Est-ce que tu l'aimes aussi ? » « Que penses-tu de cela ? » « J'en suis froissé. »	*Exemples :* « Tu vas aimer cela. » « Tu ne seras pas d'accord avec cela. » « Je sais que tu veux être gentil mais... »

Troisième stade

RESPONSABLE :	IRRESPONSABLE :
Soyez responsable de vos sentiments et soyez sensible à ceux des autres.	Essayer de rendre les autres responsables de vos sentiments et ignorer ou redéfinir les leurs.
Exemples : « Je suis furieux. » « Je me sens merveilleusement bien. » « Voici ce que nous avons pour dîner. J'espère que tu l'aimeras. »	*Exemples :* « Tu m'énerves. » « Tu me rends heureux. » « Je sais que tu n'aimes pas ma cuisine, mais mange-la pour me faire plaisir. »

Quatrième stade

RESPONSABLE :	IRRESPONSABLE :
Dites « oui » ou « non » simplement. Ne dites « Peux-tu... » que si vous êtes prêt à accepter une réponse aussi bien affirmative que négative.	Ne pas être direct. Manipuler.

Exemples :
« Veux-tu mettre la table ? »
« Non, pas ce soir. »

« As-tu terminé ton étude ? »
« Non, elle ne sera pas terminée avant demain. »

« Veux-tu que je t'aide ? »
« Oui, merci. »

Exemples :
« Veux-tu mettre la table ? »
« Je le ferai peut-être plus tard. »
« As-tu terminé ton étude ? »
« Je ne savais pas que tu la voulais pour aujourd'hui. »
« Veux-tu que je t'aide ? »
« Oh, tu es très occupé et je m'en sors. »

Cinquième stade

RESPONSABLE :	IRRESPONSABLE :
Rappelez-vous que seules les personnes, et non les choses, sont responsables de leur comportement.	Se comporter comme si les gens ne contrôlaient pas ce qui était de leur ressort.

Exemples :
« Qu'as-tu fait aujourd'hui ? »
« Je vois que nous avons bientôt fini. »
« Tu peux peut-être utiliser les idées de ce livre ? »

Exemples :
« Comment s'est passée ta journée ? »
« Les choses sont en train de s'éclaircir. »
« Ce livre résoudra ton problème. »

Sixième stade

RESPONSABLE :	IRRESPONSABLE :
Répondez aux questions franchement.	Dissimuler ses intentions. Manipuler.
Exemples : « Où sont tes bottes ? » « Je les ai laissées à mon travail. » « De combien d'argent as-tu besoin ? » « J'ai besoin de quinze dollars. » « Est-ce que tu aurais une demi-heure à me consacrer pour m'aider à faire quelque chose ? » « Non, pas aujourd'hui, mais je pourrai t'aider demain si tu as encore besoin de moi. »	*Exemples :* « Où sont tes bottes ? » « Je ne vais pas les mettre aujourd'hui. » « De combien d'argent as-tu besoin ? » « Je n'en ai pas besoin tout de suite. » « Est-ce que tu aurais une demi-heure à me consacrer pour m'aider à faire quelque chose ? » « Pourquoi ? »

L'ouvrage de Jean Illsley Clarke intitulé « ***Self-Esteem : A Family Affair Leader Guide*** » propose six exercices qui peuvent être utilisés dans des groupes pour aider les gens à s'entraîner à reconnaître les différentes sortes de langages irresponsables et s'exercer à employer un langage responsable.

APPENDICE B

Des outils pour s'épanouir

B.1 Les affirmations : comment les utiliser en famille et pour vous-même ?

(à utiliser avec les pages 127, 191-192, 193-234 et 272-279)

Offrir des affirmations aux enfants, c'est leur offrir un soutien important. Cela renforce leur capacité à accomplir les tâches propres à chaque stade, tâches qui permettent le développement des individus.

Un travail inachevé au cours de n'importe quel stade antérieur devra être repris par la suite, jusqu'à ce que l'enfant le maîtrise bien. C'est pourquoi, il est essentiel de transmettre les affirmations des stades précédents comme celles de l'étape où se trouve actuellement l'enfant. À l'âge adulte, nous « recyclons » constamment les stades antérieurs. Aussi les cinquante-quatre affirmations (voir pages 272 à 279) sont-elles tout à fait indiquées pour nous.

Allez à la découverte de ces affirmations. Recopiez-les. Découpez-les. Coloriez-les : en rouge, pour celles qui vont de zéro à six mois, en orange de six à dix-huit mois, en jaune de dix-huit mois à trois ans, en vert de trois à six ans, en bleu clair de six à douze ans, en bleu foncé de treize à dix-neuf ans et en violet pour l'âge adulte. Affichez-les. Lisez-les. Dites-les. Écoutez-les.

Soyez attentif à la manière dont vous transmettez les affirmations aux autres personnes. Dites-leur « Je tiens à toi » ou « Tu peux grandir à ton rythme ». Ce n'est que lorsqu'ils auront réfléchi à ces messages et qu'ils auront décidé de leur faire confiance, qu'ils pourront les transformer et se dire « Je tiens à moi » ou « Je grandis à mon rythme ».

Lisez les affirmations pour vous-même. Dites-vous « Tu peux grandir à ton rythme » comme si votre parent nourricier interne s'adressait à l'enfant qui est en vous. Ce petit enfant ne vous croira peut-être pas immédiatement et aura besoin de vous tester et de vous observer avant de pouvoir se dire sans réserve « C'est OK pour moi de grandir à mon rythme » ou « Je grandis à mon rythme ». Si, dans ces affirmations, nous employons trop tôt le **Je**, nous ne faisons qu'ajouter une couche de comportement superficiel permettant aux autres de nous dicter notre pensée, nos sentiments et nos actes.

Voici différentes façons d'utiliser les affirmations avec les enfants, les autres adultes et vous-même. Ces exercices sont extraits de l'ouvrage ***« Affirmation Ovals : 139 Ways to Give and Get Affirmations »*** de Jean Illsley Clarke et Carole Gesme. Pour faire ces exercices, recopiez les ovales que vous trouverez pages 272 à 279, découpez-les et coloriez-les comme indiqué précédemment.

1. Trouvez des affirmations pour s'aider à déterminer ce dont on a besoin

Lisez chaque affirmation et mettez de côté celles qui vous paraissent bien pour vous. Relisez-les et demandez-vous ce qu'elles ont à voir avec ce qui se passe dans votre vie en ce moment. À partir de cette réflexion, décidez de la manière dont vous obtiendrez ce qu'il vous faut.

2. *Introduire les affirmations auprès d'enfants qui ne savent pas lire*

Mettez les affirmations dans un panier. Demandez à l'enfant de le prendre et de vous tendre une de ces affirmations. Lisez-la lui. Continuez tant que l'enfant semble intéressé par cette activité ou jusqu'à ce que vous ayez lu toutes les affirmations.

3. *Les paires*[*]

Employez cet exercice avec tout tandem de personnes ayant des engagements l'une envers l'autre : des couples, des collègues, des frères et sœurs, un enfant et l'un de ses parents, etc. Utilisez les affirmations pour déterminer ce dont chacun a envie et besoin d'obtenir de l'autre. Donnez à chaque personne un ensemble d'ovales. Demandez à chacun de les disposer devant lui par rangs de couleur, puis d'observer chaque rang et de choisir les messages qu'il voudrait que l'autre personne lui transmette. Étudiez avec l'autre personne les affirmations sélectionnées. Demandez-lui :

- « Savais-tu que cette personne souhaitait que tu lui donnes cette affirmation ? »
- « La lui donnes-tu maintenant ? »
- « Comment ? »
- « Si l'autre personne ne l'entend pas, ne la voit pas, ou ne la comprend pas, de quelle autre façon peux-tu lui offrir cette affirmation ? »

---

[*] Nous remercions Gail et Harold Nordeman d'avoir créé cette activité.

- « Si tu crois être incapable de la lui donner, que te faudrait-il pour pouvoir y parvenir ? Comment peux-tu l'obtenir ? »
- « Vas-tu lui donner cette affirmation tout de suite ? »
- (À la personne qui souhaite recevoir cette affirmation.) « Acceptes-tu cela ? As-tu besoin d'autre chose ? »

4. *En famille**

La famille est assise en rond. Les ovales sont étalés au centre. Chacun choisit une, deux ou trois affirmations et demande à la personne concernée par son choix de les lui lire. Si celle-ci ne veut pas lui donner cette affirmation, la famille réfléchira aux besoins de chacun et se demandera si elle ne devrait pas améliorer la structure et les règles pour laisser la place à plus d'amour et d'estime de soi au sein de la famille.

5. *Bonne nuit (surtout pour les enfants)***

Posez un panier contenant des ovales à côté du lit de chaque enfant. Laissez l'enfant en choisir trois chaque soir. Dites-lui ces affirmations en le bordant.

6. *Comment aider les adolescents****

Rappelez-vous votre enfant quand il était très jeune. Visualisez, au fur et à mesure qu'il grandit, ce qui se passe à chaque étape de sa vie et de la vôtre. S'il y a des affirmations que vous ne connaissiez pas alors ou que vous ne lui avez pas données, quel que soit le stade auquel elles appartiennent, offrez-les-lui maintenant. Utilisez les codes-couleur des affirmations comme guide. Transmettez ces affirmations

---

* Nous remercions Jean Koski d'avoir créé cette activité.
** Nous remercions Julie Thomas d'avoir créé cette activité.
*** Nous remercions Linda Buranen d'avoir créé cette activité.

verbalement. Dites à votre enfant ce qui se passait à cette époque, puis tendez-lui les ovales. Il fera peut-être comme s'il s'en moquait ou il ricanera. Donnez-les-lui quand même.

7. *Résolution de problèmes*

Demandez à chaque personne de penser à un problème qu'elle souhaite ou doit résoudre. Chacun déterminera trois solutions possibles et choisira les affirmations qui lui serviront à résoudre ce problème.

8. *Vous ne pouvez pas revenir en arrière mais vous pouvez obtenir ce dont vous avez besoin aujourd'hui*

Travaillez par groupe de deux. Racontez à votre partenaire une journée typique de votre vie passée ou de l'époque où vous aviez l'âge de votre enfant. Mentionnez votre nom, vos surnoms ; parlez de votre famille, de votre maison, de votre école, de vos amis, de ceux que vous n'aimiez pas, de vos activités, des sports que vous pratiquiez, de ce que vous aimiez faire, de ce que vous accomplissiez bien et de vos souhaits à cet âge.

Étalez toutes les affirmations qui vont jusqu'à l'âge dont vous parlez y compris celles de cet âge. Prenez celles qui vous auraient aidé au cours de la journée décrite. Choisissez-en autant que vous le voulez. Puis, sélectionnez les trois ou quatre plus importantes ou celles qui vous conviennent le mieux aujourd'hui. Demandez à votre partenaire de vous les lire. Gardez les yeux ouverts. Demandez-lui de vous les tendre une par une. Refaites ensuite cet exercice les yeux clos.

Être

Je suis content que tu sois vivant.

© J. I. Clarke
Naissance à 6 mois

Coloriez les ovales ci-dessous en rouge

Être

Ta place est ici

© J. I. Clarke
Naissance à 6 mois

Être

Tes besoins sont importants à mes yeux.

© J. I. Clarke
Naissance à 6 mois

Être

Je suis content que tu sois toi.

© J. I. Clarke
Naissance à 6 mois

Être

Tu peux grandir à ton propre rythme.

© J. I. Clarke
Naissance à 6 mois

Être

Tu as le droit de ressentir tout ce que tu ressens.

© J. I. Clarke
Naissance à 6 mois

Être

Je t'aime et m'occupe de toi avec plaisir.

© J. I. Clarke
Naissance à 6 mois

(Lisez les instructions concernant l'utilisation de ces ovales, page 267)

Coloriez les ovales ci-dessous en orange

Agir

Tu peux explorer et faire des expériences. Je te soutiendrai et te protégerai.

6 à 18 mois

Agir

Tu peux utiliser tous tes sens lorsque tu explores ton environnement.

6 à 18 mois

Agir

Tu peux recommencer des choses aussi souvent que tu en éprouves le besoin.

6 à 18 mois

Agir

Tu peux savoir ce que tu sais.

6 à 18 mois

Agir

Tu peux t'intéresser à tout

6 à 18 mois

Agir

J'aime te voir prendre des initiatives, apprendre et grandir.

6 à 18 mois

Agir

Je t'aime quand tu es actif et quand tu es silencieux.

6 à 18 mois

(Lisez les instructions concernant l'utilisation de ces ovales, page 267)

Coloriez les ovales ci-dessous en jaune

Penser

Je suis content que tu commences à penser par toi-même.

18 mois à 3 ans

Penser

C'est OK que tu te fâches, mais je ne te laisserai pas te faire du mal ni blesser les autres.

18 mois à 3 ans

Penser

Tu peux dire « non» et tester nos limites aussi souvent que tu en as besoin.

18 mois à 3 ans

Penser

Tu peux apprendre à penser par toi-même. Je penserai aussi par moi-même.

18 mois à 3 ans

Penser

Tu peux penser et ressentir en même temps.

18 mois à 3 ans

Penser

Tu peux savoir de quoi tu as besoin et demander de l'aide.

18 mois à 3 ans

Penser

Tu peux te détacher de moi et je continuerai de t'aimer.

18 mois à 3 ans

(Lisez les instructions concernant l'utilisation de ces ovales, page 267)

Coloriez les ovales ci-dessous en vert

Identité et pouvoir

Tu peux découvrir qui tu es et qui sont les autres.

3 à 6 ans

Identité et pouvoir

Tu peux être fort et demander de l'aide quand tu en as besoin.

3 à 6 ans

Identité et pouvoir

Tu peux essayer différents rôles et différentes manières d'avoir du pouvoir.

3 à 6 ans

Identité et pouvoir

Tu peux apprendre quelles sont les conséquences de tes actes.

3 à 6 ans

Identité et pouvoir

Ce que tu ressens, c'est normal !

3 à 6 ans

Identité et pouvoir

Tu peux apprendre à faire la différence entre la réalité et le jeu.

3 à 6 ans

Identité et pouvoir

J'aime ce que tu es.

3 à 6 ans

(Lisez les instructions concernant l'utilisation de ces ovales, page 267)

Coloriez les ovales ci-dessous en bleu clair

Structure

Tu peux réfléchir avant de dire « oui» ou « non» et tirer parti de tes erreurs.

6 à 12 ans

Structure

Tu peux faire confiance à ton intuition pour t'aider à prendre une décision.

6 à 12 ans

Structure

Tu peux trouver une manière de faire les choses qui te convienne.

© J. I. Clarke
6 à 12 ans

Structure

Tu peux apprendre les règles qui t'aideront à vivre avec les autres.

© J. I. Clarke
6 à 12 ans

Structure

Tu peux apprendre quand et comment être en désaccord avec les autres.

© J. I. Clarke
6 à 12 ans

Structure

Tu peux penser par toi-même et te faire aider au lieu de rester désemparé.

6 à 12 ans

Structure

Je t'aime même quand nous ne sommes pas d'accord ; j'aime grandir avec toi.

© J. I. Clarke
6 à 12 ans

(Lisez les instructions concernant l'utilisation de ces ovales, page 267)

Coloriez les ovales ci-dessous en bleu foncé

Identité, Sexualité
et Séparation

Tu peux savoir qui tu es et apprendre de nouvelles techniques utiles à ton indépendance.

13 à 19 ans

Identité, Sexualité
et Séparation

Tu peux apprendre la différence entre les rapports sexuels et la nourriture affective, être responsable de tes besoins et de tes actes.

13 à 19 ans

Identité, Sexualité
et Séparation

Tu peux élargir tes centres d'intérêts, avoir tes propres amis et défendre les causes qui te sont chères.

13 à 19 ans

Identité, Sexualité
et Séparation

Tu peux utiliser tes talents anciens de manière nouvelle.

© J. I. Clarke
13 à 19 ans

Identité, Sexualité
et Séparation

Tu peux développer ta féminité ou masculinité et apprécier à l'occasion une forme de dépendance.

13 à 19 ans

Identité, Sexualité
et Séparation

J'attends avec impatience de connaître l'adulte que tu deviendras.

© J. I. Clarke
13 à 19 ans

(Lisez les instructions concernant l'utilisation de ces ovales, page 267)

Identité, Sexualité
et Séparation

Je t'aimerai toujours. Je te fais confiance pour demander mon soutien moral.

13 à 19 ans

Coloriez les ovales ci-dessous en violet

Interdépendance

Tes besoins sont importants.

Adulte

Interdépendance

Tu peux être toi-même avec tes caractéristiques uniques et respecter la personnalité des autres.

Adulte

Interdépendance

Tu peux être indépendant et interdépendant.

Adulte

Interdépendance

Tu peux, au cours des ans, élargir tes engagements vis-à-vis de toi-même, ta famille, tes amis, ta communauté et l'humanité entière.

Adulte

Interdépendance

Tu peux prendre des engagements vis-à-vis de tes principes, causes, rôles et tâches, et les examiner.

Adulte

Interdépendance

Tu peux être responsable de tes contributions à chacun de tes engagements.

Adulte

(Lisez les instructions concernant l'utilisation de ces ovales, page 267)

Coloriez les ovales ci-dessous en violet

Interdépendance

Tu peux être créatif, compétent, productif et heureux.

Adulte

Interdépendance

Tu peux avoir confiance en ta sagesse.

Adulte

Interdépendance

Tu peux dire bonjour et au revoir aux gens, à tes rôles, rêves et décisions.

Adulte

Interdépendance

Tu peux terminer chaque étape de ton cheminement et envisager la suivante.

Adulte

Interdépendance

Ta capacité d'aimer mûrit et se développe.

Adulte

Interdépendance

Tu es aimable à tous les âges de ta vie.

Adulte

(Lisez les instructions concernant l'utilisation de ces ovales, page 267)

B.2
Comment voir notre bouclier : un exercice de visualisation

(à utiliser avec la page 186)

Ceci est une visualisation. Il s'agit d'inventer une image qui illustrera votre capacité à prendre soin de vous et des autres. Même si vous avez du mal à vous représenter des images, faites l'exercice. Essayez de visualiser un objet capable de vous protéger. Quelle qu'en soit la forme, ce sera la bonne car elle représentera ***votre bouclier actuel***. Enregistrez les instructions suivantes sur une cassette en les lisant lentement, puis écoutez-les ou demandez à quelqu'un de vous les lire doucement.

Asseyez-vous confortablement ou allongez-vous. Veillez à ce que chaque partie de votre corps soit confortable. Gardez-le bien droit et ne croisez pas les bras ni les jambes... Fermez les yeux pour ne pas être distrait par ce qui vous entoure... Maintenant, soyez attentif à ce que vous entendez... Écoutez les bruits de la pièce et amplifiez-les... Maintenant, détachez-vous-en et n'écoutez que ma voix... Ayez conscience de votre corps... Sentez le poids de votre corps sur la chaise ou sur le sol... Sentez l'air entrer et s'échapper de vos poumons... Maintenant, respirez profondément trois ou quatre fois... Prenez conscience d'avoir quelque chose de léger posé à côté de vous ... Il ne vous dérange pas, ni ne vous distrait et il est toujours prêt à être utilisé... Cet objet représente votre capacité à prendre soin de vous-même et des autres... Regardez-le... Cela peut être un manteau, un parapluie, une bulle de lumière blanche ou autre chose. Quoi qu'il soit, il est vôtre et c'est le bon objet. Je l'appellerai votre bouclier. Il peut avoir la forme des boucliers que l'on trouve dans les livres d'images ou dans les musées... ou il peut avoir l'air très différent... Prenez-le... Sentez son poids... Est-il léger ou est-il lourd ?... Voyez de quoi il est fait... Regardez sa couleur... Examinez sa texture... Sentez sa douceur ou sa rugosité... Tapotez-le avec votre ongle... Quel bruit cela fait-il ?... Sentez-le... Soulevez-le au-dessus de votre tête... Est-il suffisamment large pour vous protéger complètement de la pluie ?... Peut-il s'étendre pour protéger aussi une autre personne ?... Maintenant, tenez-le devant vous de façon à ce qu'il dévie les flèches que la vie réserve... Voyez comme il le fait bien... Cherchez s'il y a des trous ou des points faibles... Il peut y en avoir quelques-uns ou beaucoup... Ils peuvent être grands ou petits... Quel que soit votre bouclier, acceptez-le tel qu'il est aujourd'hui ; c'est votre bouclier... Remerciez votre bouclier d'être là pour vous et remerciez-le pour tout le bon travail qu'il fait pour vous... Lorsque vous aurez terminé votre appréciation, reposez-le doucement à côté de vous et recommencez à être conscient de votre respiration, des bruits et des odeurs qui vous entourent. Ouvrez vos yeux quand vous serez prêt. (C'est la fin de la visualisation.)

Activités pour aller plus loin

1. Faites le portrait de votre bouclier par écrit, dessinez-le ou décrivez-le à quelqu'un.

2. Parlez à quelqu'un d'une des qualités de votre bouclier que vous êtes content d'avoir développée.

3. Réfléchissez à un point de votre bouclier qui pourrait être amélioré.

4. Utilisez les idées de ce livre pour trouver un moyen de parvenir à l'améliorer.

Une grande variété de boucliers

Tout en vous rappelant que votre bouclier est celui qui vous convient, peut-être souhaiteriez-vous savoir comment d'autres personnes décrivent le leur.

« Blanc, mou et pelucheux aux extrémités ; peut m'envelopper complètement. »

« Un lourd cylindre en fer qui va de mes pieds jusqu'au-dessus de ma tête avec un petit trou pour regarder à l'extérieur. »

« Une bulle de lumière blanche. »

« Un grand lit en acajou avec un superbe baldaquin. »

« Un canoë construit pour m'emmener à travers les eaux calmes et les eaux tourbillonnantes. »

« Neuf et brillant avec son prix accroché à l'un des côtés : le prix de ma thérapie. »

« Une membrane semi-perméable qui laisse pénétrer l'amour et refoule la haine. »

« A l'air superbe mais n'est fait que de papier. »

« Sombre, conique et fait de plomb ; on n'y est pas à l'étroit mais il n'y a pas de place pour quelqu'un d'autre. »

« Un mur de fleurs munies d'épines que je peux utiliser si je suis en danger. »

« Cylindrique avec une entrée d'un côté. Me protège tout autour. »

« Un treillage ou un tamis en bois qui laisse presque tout passer. »

« Un cuir couleur miel, lisse et rond avec un point en son centre. Il s'étend pour couvrir les autres. »

Quelle que soit la forme que revêt votre capacité à prodiguer de la nourriture affective aux autres et à vous-même, respectez-la et continuez à la renforcer.

B.3
Comment trouver un groupe de soutien ou un thérapeute

Voici des lieux où vous pourrez trouver de l'aide :

- Les groupes des Douze Étapes.
- Les groupes de soutien et les groupes thérapeutiques.
- Les praticiens qui reçoivent les patients individuellement ou qui pratiquent la thérapie familiale (conseillers, psychologues, psychiatres, travailleurs sociaux et l'ensemble des professionnels formés à ce type de travail et accrédités).
- Les centres de santé mentale.
- Les églises, les hôpitaux et les organisations d'aide aux personnes en détresse telles que les lignes téléphoniques.

Groupes des Douze Étapes

Cherchez dans votre annuaire téléphonique sous la rubrique « Alcooliques Anonymes », ou dans les pages jaunes sous la rubrique « Toxicomanie », pour trouver un endroit où appeler. Quelqu'un vous informera sur les rencontres des groupes des 12 Étapes dans votre région.

Si vous demeurez dans une petite ville, ce bureau pourrait avoir la liste des rencontres des « Intergroupes EADA », des « Alateen », des « Parents Anonymes », etc.

Dans une grande ville, vous pourrez trouver dans votre annuaire téléphonique les groupes des 12 Étapes en cherchant directement: « Alcooliques Anonymes », « Outremangeurs Anonymes », « Al-Anon », « Gamblers Anonymes », « Narcotiques Anonymes », etc.

L'aide des professionnels

Un des meilleurs moyens pour trouver un praticien en vue d'une thérapie individuelle, d'une thérapie de groupe ou d'une thérapie familiale est de se renseigner auprès d'amis qui ont eu recours à ces professionnels pour leur demander leur adresse. Un thérapeute qui a convenu à une personne peut bien sûr ne pas vous satisfaire, mais ce genre de recherche est un bon moyen pour commencer.

Si vous cherchez une aide pour vous remettre de difficultés particulières telles que celles engendrées par un abus sexuel, demandez l'adresse de personnes spécialisées dans ce type de travail.

Recherchez de l'aide en communiquant avec votre Centre local de services communautaires (CLSC); informez-vous des services qu'il dispense et demandez qu'on vous dirige vers des professionnels qui pourraient répondre à vos besoins.

Rencontrez les thérapeutes avant de vous décider pour l'un d'entre eux. Interrogez-les sur leur formation, leur expérience et leurs aptitudes. Voyez avec eux comment ils envisagent leur travail avec vous et combien cela vous coûtera. Demandez-leur ce qu'ils attendent de vous. Soyez attentif aux informations que vous recevrez et fiez-vous à votre intuition.

Si vous décidez de faire un travail avec quelqu'un, gardez plusieurs choses à l'esprit :

- Travailler avec différents thérapeutes peut vous être bénéfique. Certaines personnes commencent par une thérapie familiale puis passent à une thérapie individuelle. D'autres commencent par une thérapie individuelle puis vont en thérapie de groupe. Votre thérapeute et vous, devez voir ensemble quelle est l'aide qui vous convient le mieux tout au long de votre processus de guérison. La décision vous appartient. Faites-vous confiance et rappelez-vous qu'il est important que vos besoins soient satisfaits.

- Des contacts sexuels entre un thérapeute et son client ne sont jamais acceptables. Si cela se produit, partez immédiatement et portez plainte auprès du conseil de l'ordre des thérapeutes auquel il appartient ou à son association. Faites-vous aider pour vous remettre de cet abus sexuel.

La thérapie vous procurera sûrement des désagréments. Ceux-ci font partie intégrante du processus de croissance. Si vous éprouvez un certain malaise vis-à-vis de l'attitude de votre thérapeute, réfléchissez-y. Faites confiance à votre intuition. Vos besoins sont importants et vous méritez de vous sentir en sécurité.

Notes

Première partie

1. CLARKE (J.I.), MONSER (S.), NORDEMAN (G.), NORDEMAN (H.), 1986, ***Help! for Parents of Teenagers***, San Francisco, Harper & Row.
2. BRADSHAW (J.), 1988, ***The Family: A Revolutionary Way of Self-Discovery***, Pompano Beach, Florida, Health Communications, pp. 53-54; 1992, ***La famille, une méthode révolutionnaire pour se découvrir***, Laval (Québec), Canada, Éditions Modus Vivendi.

Deuxième partie

1. MILLER (A.), 1983, ***Le drame de l'enfant doué. À la recherche du vrai Soi***, Paris, PUF.
   MILLER (A.), 1986, ***L'enfant sous terreur – L'ignorance de l'adulte et son prix***, Paris, Aubier.
2. ELKIND (D.), 1983, ***L'enfant stressé: celui qui grandit trop vite et trop tôt***, Paris, Homme.
   ELKIND (D.), 1984, ***All Grown Up And No Place To Go: Teenagers In Crisis***, Reading, Massachusetts, Addison-Wesley Publishing Co.
3. LERNER (R.), 1985, ***Daily Affirmations: For Adult Children of Alcoholics***, Pompano Beach, Florida, Health Communications.
4. WILLIAMS (L.) et al., 1987, ***The Too Precious Child: the Perils of Being a Super Parent and How to Avoid Them***, New York, Atheneum, Macmillan.

Troisième partie

1. MAY (R.), 1972, ***Power and Innocence: A Search for the Sources of Violence***, New York, C.C. Norton.
2. LEE SCHIFF (J.) et al., 1975, ***Cathexis Reader: Transactional Analysis, Treatment of Psychosis***, New York, Harper & Row.
3. COUSINS (N.), 1979, ***Anatomy of an Illness: Reflections on Healing and Regeneration***, New York, W.W. Norton & Company.
4. BERNE (E.), 1972, ***Que dites-vous après avoir dit bonjour?***, Paris, Tchou.
5. GRIER (W.H.), COBBS (P.M.), 1971, ***The Jesus Bag***, New York, McGraw-Hill, pp. 1-22.
6. WOITITZ (J.G.), 1983, ***Adult Children of Alcoholics***, Pompano Beach, Florida, Health Communications, pp. 72-73; 1991, ***Les enfants d'alcooliques à l'âge adulte***, Montréal, Canada, Édimag.

7. SUBBY (R.), 1987, ***Lost In the Shuffle, The Co-dependent Reality***, Pompano Beach, Florida, Health Communications.

Quatrième partie

1. BLACK (C.), 1981, ***It Will Never Happen To Me***, Denver, Colorado, M.A.C.
2. LEVIN (P.), 1985, ***Becoming The Way We Are***, Wenatchee, Washington, Directed Media.
3. CLARKE (J.I.), 1978, ***Self-Esteem: A Family Affair***, New York, Harper & Row.
4. CLARKE (J.I.) et al., 1986, ***Help! For Parents Of Infants From Birth to 6 Months***, San Francisco, Harper & Row.
5. CLARKE (J.I.) et al., 1986, ***Help! For Parents Of Children 6 to 18 Months***, San Francisco, Harper & Row.
6. CLARKE (J.I.) et al., 1986, ***Help! For Parents Of Children 18 Months to 3 Years***, San Francisco, Harper & Row.
7. CLARKE (J.I.) et al., 1986, ***Help! For Parents Of Children 3 to 6 Years***, San Francisco, Harper & Row.
8. ***Do's And Taboos Around The World***, 1985, Parker Pen Company, New York, The Benjamin Company.
9. BLOOM (B.), 1985, ***Developing Talent In Young People***, New York, Ballantine Books.
10. CLARKE (J.I.) et al., 1986, ***Help! For Parents Of Children 6 to 12 Years***, San Francisco, Harper & Row.
11. CLARKE (J.I.) et al., 1986, ***Help! For Parents Of Teenagers***, San Francisco, Harper & Row.
12. STREIBER (W.), 1987, ***Communion, A True Story***, New York, Avon Books. PECK (M.S.), 1987, ***Le chemin le moins fréquenté: apprendre à vivre avec la vie***, Paris, Laffont.
13. JAMES (M.), 1981, ***Breaking Free, Self-Reparenting for a New Life***, Reading, Massachusetts, Addison-Wesley Publishing Company.
14. WEISS (L.), WEISS (J.), 1988, ***Recovery from Co-Dependency: It Is Never Too Late to Have a Happy Childhood***, Pompano Beach, Florida, Health Communications.

Livres conseillés

ACKERMAN (R.J.), 1983, ***Children of Alcoholics: A Guidebook for Educators, Therapists, and Parents***, Holmes Beach, Florida, Learning Publications.

ACKERMAN (R.J.), 1987, ***Let Go and Grow: Recovery for Adult Children***, Pompano Beach, Florida, Health Communications.

ADAMS (C.), FAY (J.), LOREEN-MARTIN (J.), 1984, ***No is Not Enough, Helping Teenagers Avoid Sexual Assault***, San Luis Obispo, California, Impact Publishers.

ANDERSEN (C.P.), 1983, ***Father: The Figure and the Force***, New York, Warner Books.

BADGER (E.), 1981, ***Infant-Toddler: Introducing Your Child to the Joy of Learning***, New York, Instructo/McGraw-Hill.

BALABAN (N.), 1985, ***Learning To Say Goodbye: Starting School and Other Early Childhood Separations***, New York, New American Library.

BALDWIN (C.), 1977, ***One To One: Self-Understanding through Journal Writing***, New York, M. Evans.

BEATTIE (M.), 1992, ***Vaincre la codépendance***, Montréal, Canada, Éditions Sciences et Culture.

BELLAH (R.N.), MADSEN (R.), SULLIVAN (W.M.), SWIDLER (A.), TIPTON (S.M.), 1985, ***Habits of the Heart: Individualism and Commitment in American Life***, Berkeley, California, University of California Press.

BETTELHEIM (B.), 1988, ***Pour être des parents acceptables***, Paris, Laffont.

BINGHAM (M.), 1987, ***Minou***, Santa Barbara, California, Advocacy Press.

BLACK (C.), 1985, ***Repeat After Me***, Denver, Colorado, M.A.C. Printing & Publications.

BOLTON (F.G.), 1983, ***When Bonding Fails: Clinical Assessment of High-Risk Families***, Beverly Hills, California, Sage Publications.

BOWLBY (J.), ***Attachement et Perte***, Paris, PUF.

1. ***L'attachement***, PUF, 1978.
2. ***La séparation: angoisse et colère***, PUF, 1978.
3. ***La perte, tristesse et dépression***, PUF, 1984.

BOZARTH-CAMPBELL (A.), 1982, ***Life is Goodbye, Life is Hello***, Minneapolis, Minnesota, CompCare.

BROWN (S.), 1988, ***Treating Adult Children of Alcoholics: A Developmental Perspective***, New York, John Wiley & Sons.

CANTWELL (H.), 1987, ***Physical Neglect***, Chicago, National Committee for Prevention of Child Abuse.

CARNES (P.), 1983, ***The Sexual Addiction***, Minneapolis, Minnesota, CompCare.

CERMAK (T.L.), 1985, ***A Primer on Adult Children of Alcoholics***, Pompano Beach, Florida, Health Communications.

CRARY (E.), 1984, ***Kids Can Cooperate: A Practical Guide to Teaching Problem Solving***, Seattle, Parenting Press.

DIGIOVANNI (K.), 1986, ***My House Is Different***, Center City, Minnesota, Hazelden Educational Materials.

FABER (A.), MAZLISH (E.), 1989, ***Jalousies et rivalités entre frères et soeurs: comment venir à bout des conflits entre vos enfants***, Paris, Stock.

FASSLER (J.), 1978, ***Helping Children Cope: Mastering Stress Through Books and Stories***, New York, The Free Press.

FORWARD (S.), BUCK (C.), 1979, ***Betrayal of Innocence: Incest and its Devastation***, New York, Penguin Books.

FORWARD (S.), TORRES (J.), 1988, ***Ces hommes qui méprisent les femmes et ces femmes qui les aiment***, Homme.

FOSSUM (M.A.), MASON (M.J.), 1986, ***Facing Shame: Families in Recovery***, New York, W.W. Norton and Company.

FREEMAN (L.), 1982, ***It's My Body: A Book to Teach Young Children How to Resist Uncomfortable Touch***, Seattle, Parenting Press.

FREEMAN (L.), 1986, ***Loving Touches: A Book For Children About Positive, Caring Kinds of Touching***, Seattle, Parenting Press.

FRIEL (J.), FRIEL (L.), 1988, ***Adult Children The Secret of Dysfunctional Families***, Pompano Beach, Florida, Health Communications.

GARMEZY (N.), RUTTER (M.), 1983, ***Stress, Coping and Development in Young Children***, New York, McGraw-Hill.

GAWAIN (S.), 1986, ***Techniques de visualisation créatrice: utilisez votre imagination pour atteindre vos buts***, Paris, Soleil.

GAWAIN (S.), 1989, ***Un instant, une pensée: pensées et affirmations quotidiennes***, Le souffle d'or.

GLENN (H.S.), NELSON (J.), 1988, ***Raising Self-Reliant Children in a Self-Indulgent World***, Rocklin, California, Prima Publishing & Communications.

GOLDBERG (N.), 1986, ***Writing Down the Bones: Freeing the Writer Within***, Boston, Shambala Press.

GRAVITZ (H.L.), BOWDEN (J.D.), 1985, ***Guide To Recovery: A Book For Adult Children of Alcoholics***, Holmes Beach, Florida, Learning Publications.

HAGBERG (J.O.), 1984, ***Real Power: Stages of Personal Power in Organizations***, San Francisco, Harper & Row.

HALPERN (H.M.), 1983, ***Adieu: Apprenez à rompre***, Le Jour, éditeur.

HART (L.), 1987, ***The Winning Family: Increasing Self-Esteem In Your Children and Yourself***, New York, Dodd, Mead & Company.

HARTMAN (C.), 1987, ***Be Good To Yourself Therapy***, St Meinrad, Indiana, Abbey Press.

HASTINGS (J.M.), TYPPO (M.H.), 1984, ***An Elephant in the Living Room: the Children's Book***, Minneapolis, Minnesota, CompCare.

HEFFNER (E.), 1978, ***Mothering: How Women Can Enjoy a New, Productive Relationship with their Children and a New Image of Themselves***, New York, Doubleday Anchor.

HELFER (R.E.), 1978, ***Childhood Comes First, A Crash Course in Childhood for Adults***, East Lansing, Michigan, Ray E. Helfer.

JOHNSEN (K.), 1986, ***The Trouble with Secrets***, Seattle, Parenting Press.

JOHNSON (S.), 1981, ***The Precious Present***, Millbrae, California, Celestial Arts.

KAPLAN (L.J.), 1984, ***Adolescence: The Farewell to Childhood***, New York, Simon and Schuster.

KAPLAN (L.J.), 1980, ***Symbiose et séparation***, Paris, Laffont.

KAUFMAN (G.), 1983, *The Dynamics of Power: Building a Competent Self*, Cambridge, Massachusetts, Schenkman Publishing Co.

KAUFMAN (G.), 1985, ***Shame: The Power of Caring***, Cambridge, Massachusetts, Schenkman Publishing Co.

KING (L.A.), 1986, ***How to Encourage Healthy Competition***, Winfield, Illinois, Thunderbird Circle.

LARSEN (E.), 1985, *Stage II Recovery: Life Beyond Addiction*, San Francisco, Harper & Row.

LERNER (H.G.), 1990, ***La danse de la colère***, Paris, First.

LOEVINGER (J.), 1976, ***Ego Development***, San Francisco, Jossey-Bass Publishers.

MAGID (M.), McKELVEY (C.A.), McKELVEY (K.), 1988, ***High Risk: Children Without a Conscience***, New York, Bantam Books.

MAXWELL (J.A.), 1983, *The Teenage Years A Parent's Dilemma*, New Orleans, J. Arthur Systems.

McCONNELL (P.), 1986, ***Adult Children of Alcoholics: A Workbook for Healing***, San Francisco, Harper & Row.

MIDDLETON-MOZ, DWINELL (J.), DWINELL (L.), 1986, ***After The Tears: Reclaiming the Personal Losses of Childhood***, Pompano Beach, Florida, Health Communications.

MILLER (A.), 1983, ***Le drame de l'enfant doué. À la recherche du vrai Soi***, Paris, PUF.

MILLER (A.), 1984, ***C'est pour ton bien: racines de la violence dans l'éducation de l'enfant***, Paris, Aubier.

MILLER (A.), 1986, ***L'enfant sous terreur: l'ignorance de l'adulte et son prix***, Paris, Aubier.

MILLER (J.B.), 1986, ***Toward a New Psychology of Women***, Boston, Beacon Press.

MISSILDINE (W.H.), 1963, ***Your Inner Child of the Past***, New York, Pocket Books.

NATHANSON (D.L.) ed, 1987, ***The Many Faces of Shame***, New York, The Guilford Press.

NORWOOD (R.), 1988, ***Ces femmes qui aiment trop: la radioscopie des amours excessives***, Paris, M. Lafon.

O'GORMAN (P.A.), OLIVER-DIAZ (P.), 1987, *Breaking The Cycle Of Addiction: A Parent's Guide to Raising Healthy Kids*, Pompano Beach, Florida, Health Communications.

O'GORMAN (P.A.), OLIVER-DIAZ (P.), 1988, ***12 Steps to Self-Parenting***, Pompano Beach, Florida, Health Communications.

OSHERMAN (S.), 1986, ***Finding Our Fathers***, New York, Free Press.

PARKES (C.M.), STEVENSON-HINDE (J.), 1982, ***The Place of Attachment in Human Behavior***, New York, Basic Books.

PATTERSON (F.), 1985, ***Koko's Kitten***, New York, Scholastic.

PAUL (J.), PAUL (M.), HESSE (B.B.), 1983, ***Do I Have to Give Up Me to Be Loved By You?***, Minneapolis, Minnesota, CompCare.

PAUL (J.), PAUL (M.), HESSE (B.B.), 1987, ***If You Really Loved Me....*** Minneapolis, Minnesota, CompCare.

PAUL (N.L.), BYFIELD PAUL (B.), 1986, ***A Marital Puzzle: Transgenerational Analysis in Marriage Counseling***, New York, Gardner Press.

PECK (M.S.), 1983, ***People of the Lie***, New York, Simon and Schuster.

PECK (M.S.), 1987, ***Le chemin le moins fréquenté: apprendre à vivre avec la vie***, Paris, Laffont.

POLLARD (J.K.), 1987, ***Self Parenting***, Malibu, California, Generic Human Studies Publishing.

PRUETT (K.D.), 1987, ***The Nurturing Father***, New York, Warner Books.

REID (C.), 1972, ***Celebrate the Temporary***, New York, Harper & Row.

RUBIN (L.B.), 1985, ***Les étrangers intimes: comment les couples construisent leurs malentendus***, Paris, Laffont.

RUBIN (T.I.), 1969, ***The Angry Book***, New York, Collier Books.

SANFORD (L.T.), DONOVAN (M.E.), 1978, ***Women and Self-Esteem***, Garden City, New Jersey, Doubleday Anchor.

SCHAEFFER (B.), 1987, ***Is It Love or Is It Addiction?***, Center City, Minnesota, Hazelden Educational Materials.

SIMMERMACHER (D.G.), 1981, ***Self Image Modification Training***, Pompano Beach, Florida, Health Communications.

SMITH (A.W.), 1988, ***Grandchildren of Alcoholics: another generation of codependency***, Pompano Beach, Florida, Health Communications.

STINNETT (N.), DEFRAIN (J.), 1985, ***Secrets of Strong Families***, New York, Berkeley Books.

TYPPO (M.H.), HASTINGS (J.M.), 1984, ***An Elephant in the Living Room: A Leader's Guide for Helping Children of Alcoholics***, Minneapolis, Minnesota, CompCare.

VERNY (T.), 1982, ***La vie secrète de l'enfant avant sa naissance***, Paris, Grasset.
WEGSCHEIDER-CRUSE (S.), 1985, ***Choice-Making***, Pompano Beach, Florida, Health Communications.
WEGSCHEIDER-CRUSE (S.), 1987, ***Learning to Love Yourself***, Pompano Beach, Florida, Health Communications.
WHITFIELD (C.L.), 1987, ***Healing The Child Within***, Pompano Beach, Florida, Health Communications.
WHITNEY (C.), 1986, ***Win Win Negotiations for Couples: A Personal Guide To Joint Decision Making***, Gloucester, Massachusetts, Para Research.
WOITITZ (J.), 1983, ***Adult Children of Alcoholics***, Pompano Beach, Florida, Health Communications; 1991, ***Les enfants d'alcooliques à l'âge adulte***, Montréal, Canada, Édimag.
WOITITZ (J.), 1985, ***Struggle for Intimacy***, Pompano Beach, Florida, Health Communications.
YOUNGS (B.B.), 1986, ***Helping Your Teenager Deal with Stress: A Survival Guide for Parents and Children***, Los Angeles, Jeremy P. Tarcher.

Livres de méditation publiés par HAZELDEN EDUCATIONAL MATERIALS:

Each Day a New Beginning: Daily Meditations for Women.
Today's Gift: Daily Meditations for Families.
The Promises of a New Day, by Karen Casey and Martha Vanceburg.
The Love Book, by Karen Casey.
Touchstones: A Book of Daily Meditations for Men.
Night Light: A Book of Nighttime Meditations, by Amy E. Dean.

Table des matières